王阳明新传

[日] 冈田武彦 著

徐建雄 译

北京联合出版公司
Beijing United Publishing Co.,Ltd.

只 为 优 质 阅 读

好
读

Goodreads

目 录

前言

~~~~~~~~~~~~~~~~

本书根据本人自昭和六十三年（1988）十月至昭和六十四年（1989）三月，在总裁社所举办的《阳明学讲座》上所作的六次阳明学讲座之记录整理而成。取名为《王阳明小传》（本书改作《王阳明新传》），则是因本书仅叙述了王阳明之生涯以及其思想之核心。

王阳明的一生，可谓波澜壮阔，气象万千。他无疑是一位左手执书卷、右手持宝剑的豪杰，也是一位可称为哲人与英雄的儒者。

他那历经千辛万苦而悟得的宝贵思想，是切实可行且充满生命力的，故而，能给在现实生活中疲于奔命的我们以巨大的精神鼓舞与强大的自信力。

倘若本书能在这些方面对读者有所裨益，则我作为作者幸莫大焉。本书承蒙明德出版社之厚意得以问世，在此深表谢意。

平成七年（1995）十月

冈田武彦

序
章

代表某个时代的伟大思想家之哲学与思想，必定与其所处时代的时代精神密切相关。例如，代表宋代的朱子学与宋代精神、代表明代的阳明学与明代精神，都有着密不可分的关系。

换言之，也可谓时代精神孕育出了代表该时代的思想家，而其思想又有助于时代精神之形成。也即两者之间的关系或为因果，或为果因，是相互启发、有机统一的。由此可知，要想理解思想家的哲学与思想，就必须充分了解其所处时代的时代精神。

而这时代精神，若要详察其内涵，又绝非轻而易举之事。虽然其中有着极为复杂的种种潮流，但只有其主流才是所谓的时代精神。时代精神也反映在该时代的哲学与思想上，故而仔细加以观察，理当能够理解，然而哲学与思想皆带有某种理论，倘若仅仅着眼于此，则反受其累，无法洞察深藏其中的时代精神了。因此，愚以为，反倒是通过率直表现人的内心与感情的文艺，更容易感受其时代精神。

即便是文艺之中，诗文、绘画、书法之类，反映个人意向的倾向较为强烈，而陶艺之类，由于其出自无名匠人之手，且为迎合该时代人们的喜好而作，反倒更能直截了当地反映出时代精神来。因此，对于陶艺之类，我们也必须加以留意。

王阳明的思想也与明代的时代精神密切相关，自不待言，而要深刻理解明代的时代精神，又必须首先对唐、宋、元的时代精神有所了解。这是因为，不预先了解这些时代的精神，就难以充分理解明代的时代精神，或者说，即便有所理解，恐怕也是流于表面的。

1. 唐代的时代精神

中国的唐代（618—907）横跨了日本的飞鸟、白凤、奈良和平安时代，其时代精神是外观①、包容、抒情的。

唐代的文化虽说是由贵族阶层创造的，可由于唐帝国不仅支配着广袤的土地，极富国际性，也接受了外来的思想和文

①外观：是与表述宋代的时代精神时所用的"内观"相对的一个说法，意为注重吸收外部要素，而非自我反省。——本书如无特殊说明，均为译注

化，故而唐代的时代精神十分豪华，且富有包容性。以代表着唐代陶器的色彩绚丽的唐三彩为例，无论是女人俑的体态，还是注入五谷后可为死者祝福的万年壶那圆润的胎体线条，都显示出一种来者不拒、包容一切的宽阔心胸。唐三彩中有一种名为三彩龙耳瓶的器皿，其对称的双龙衔瓶口的造型极具异国情韵，让人一望之下便不由得缅怀起唐代的国际性来。

唐代的绘画以人物画为中心，但也有世俗风情画，且十分写实地描绘了远道而来的外国人。唐代的绘画以彩色画为主，这也完全可说是其外观、抒情之时代精神的表现吧。

就唐代的文学而言，诗歌确立了格律，文章流行四六骈体，书法则相较于晋代之尚韵，更看重尊崇法度的外形美。毫无疑问，这也体现了外观、抒情的时代精神。然而，到了唐代末期，却掀起了一股反传统的革新风潮，出现了尊重个性、彰显自我的书法家和画家。他们或可称为宋之时代精神的先驱吧。

2. 宋代的时代精神

自唐末至五代（907—960）是一个动乱期，而进入宋代

（960—1279）后，出于对唐代的批判和反思，诞生了新的时代精神。中国的宋代，横跨日本的平安、镰仓时代，该时代的时代精神是内观①、理性的。

鉴于唐末以来藩镇跋扈之弊端，宋代采取了文治政策，故而文化得以昌盛。支撑着宋代文化的是官僚知识阶层，但由于受到塞外游牧民族的压制，有宋一代均遭受着于苦恼中走向衰亡的悲惨命运。相较于具有国际化特色的唐代而言，宋代的文化可谓国粹型的。

就国力而言，唐代是对外扩张的时代，宋代则是向内收缩的时代。而这一点自然也让时代精神发生了巨大变化，即从外观、抒情的转向内观、理性的。下面所引用的宋尼悟道之诗，或可谓该时代精神之象征吧：

尽日寻春不见春，芒鞋踏遍陇头云。

归来笑拈梅花嗅，春在枝头已十分。

（宋·罗大经《鹤林玉露》）

①内观：佛教用语，意为智慧洞见包括自身在内的一切事物之本质。

进入宋代之后，像唐三彩那样富于感性、多姿多彩的陶瓷器便衰退了，而纯白、青白甚至漆黑的，单一色彩的陶瓷器却被大量制作出来。如可称为宋代瓷器之代表的定窑白瓷，以及景德镇出产的青白瓷，都摒弃了华美的外观，完全符合崇尚内观精神之宋代人的审美趣味。

北宋的定窑白瓷，质地坚硬，胎体曲线一反唐三彩万年壶那般舒缓圆润，而是近乎直线，显得异常遒劲，棱角处也锐比锋刃，通体都透着极为冷峻的理性。与青白瓷一样，白瓷也以无纹者居多，而这一点也体现了当时的一般倾向，同样可见于宋代的漆器或金属工艺品等。即便有些纹样，也无非是些线刻式、切雕式①或用靠模制成的浮纹，可称为无纹之纹，充分体现了富于理性的宋代之时代精神。

作为北宋青瓷之代表的汝窑青瓷，则无论其色泽还是品位，都很好地反映出宋代那深邃遒劲的时代精神。

青瓷之兴盛，至南宋达到巅峰，形制也日趋优美，而到了南宋末年，北宋时期的那种简洁清纯、勇健峻严以及理性之锐利均已丧失殆尽。

---

①切雕式：刻刀一面垂直于表面，另一面倾斜于表面的雕刻法。一般用于金属工艺品的雕刻。

从唐代到宋代，陶瓷器的风格也从华丽丰满、温和宽容转变为简素清瘦、峻严遒劲；从豪华绚烂、优美温雅转变为幽玄苍古、冷严崇高。总之，是从感性转变为理性，从外观转变为内观。并且，还有一点也不容忽视。那就是：从异国风情转变为本国精粹了。

绘画方面，山水画、花鸟画兴盛了起来，尤其是发轫于唐代的水墨画，进入宋代后趋于大成。水墨画发端于唐代，可到了宋代，人们便认为水墨这种非色彩性的东西其实是蕴含着五彩的。因此，毋宁说水墨画是一种精神性绘画，或可称之为心画吧。这种心画之所以能在宋代取得大成，是因为它符合了内观性之时代精神。与此同时，宋代的画家还忌讳直白的表现，并极力加以抑制，故而又进一步深化、充实了这一精神。因此，还以藏（藏于家中）与简古（单纯与古旧）为贵。

宋代的绘画虽说以院体派为核心，以崇尚理性、客观的写实派为主流，但就山水画而言，也并非仅仅是客观描摹山水之形象，而是穷尽其理趣与本性，目的在于借山水之形象描绘造化之理、天地之心，即所谓尽力描绘"胸中之丘壑"。因此，不论画得如何精巧，若不能得其理趣，也就不成其为画了。不过，直抒胸臆的写意主义的画，也即文人画或表现禅机之类抒情、主观性质的写意画派此时也悄然而起了，只是尚未成为时代之主流。说到写实派与写意派之间的关系，或可用讲授唯理、客观之哲学思想的朱子学与讲授唯心、主观哲学思想之陆学来比拟吧。

书法方面，宋代书风超越了"法"而崇尚"意"，气象雄浑、锐利。

诗歌方面也与绘画相同，呈现出忌直贵藏，忌巧贵拙，崇尚简古的倾向。宋代古文家（肇于唐末）辈出，想必也是受崇尚古意之时代风潮鼓荡的缘故吧。

3. 元代的时代精神

继宋之后兴起的元代（1206—1368），横跨日本的镰仓、吉野朝廷①时代。元朝的建立者是蒙古族，他们灭亡了拥有高度教养的汉民族皇朝，建立起了史无前例的世界性大帝国。

在元代，正如当时流行的"八娼、九儒、十丐"那样，汉

---

①吉野朝廷：日本一种视以吉野（今奈良县境内）为中心的南朝为正统而对南北朝时代（1336—1392）的称呼。

民族的地位在娼妇之下、乞丐之上。[1]因此，曾经引以为傲的宋代的时代精神土崩瓦解，时代风潮趋向庶民化。一言以蔽之，元代的时代精神是富于野趣的。

该时代的陶瓷器以青花瓷的大量生产为最大特色。这自然是西方诸国并入一统而青花用釉得以进口的缘故，但同时也由于青花描绘的陶瓷器更符合普通庶民之趣味吧。而这种青花工艺，无论是从作品的品位还是描绘效果而言，都体现着与大帝国相称的豪放、厚重之感。与此同时，在庶民文化抬头的元代，写意派的文人画之兴起也可谓理所当然的了。

4. 明代的时代精神

元代的庶民精神在下一个朝代——明代得到了进一步的发展并趋于成熟。明代（1368—1644）横跨日本的吉野、室町、安土桃山[2]和江户时代，与日本的江户时代一样，庶民阶层于该时代兴起，尤其在中期以后，其特征已十分明显。而明

---

①此处作者理解有误，"九儒"之"儒"指读书人。

②安土桃山：日本历史上由织田信长和丰臣秀吉实际掌握政权的时代（1573—1603）。因织田信长居住在安土城，而丰臣秀吉所居住的伏见城地处桃山而命名。

代之时代精神带有主观、抒情色彩的缘由也正在于此。

在陶瓷器方面，青花瓷业已登峰造极，迎来了黄金时代，而自宋代以后衰退的红花瓷也重新流行了起来。与此同时，相较于宋代注重品位的传统，到了明代则形成了倾心于彩绘的风气。这当然可以看作从作品的雕塑性转向了绘画性，或者也可看作时代精神由内观、理性转向外观、抒情的体现吧。然而，这同样可以说是唐代精神通过宋代精神为媒介而产生的一种再现吧。因此，在明代的外观性质的精神之中也含有内观性质的成分，故而形成了抒情、主观性质的时代精神。关于这一点，只要比较一下唐三彩和青花瓷，就显而易见了。

在明代，以写意为主的文人画十分流行，而这上面也充分体现了该时代的时代精神。

到了明末，其时代精神绚烂至极，终于产生了崇尚自然性情、提倡摆脱传统束缚并注重感情、彰显自我的时代风潮。例如：在书法方面，有王铎、倪元璐、傅山等人所提倡的"连绵草"；而在诗文方面，有所谓"不泥古学，不蹈前良，自然之性，一往奔诣"（《钟伯敬小品》）的说法，以及袁中郎所标榜的"性灵说"，均主张诗文应顺从自己的自然性情。

其中不无近代精神之觉醒，但也产生了浅薄粗杂的滥情主义之弊端。因此，太宰春台①评论明代绘画："明画中有习气。"（《文集》卷十五《对客论文》）尾藤二洲②则评价明末诗文："有伤自然之气象，大雅之声调。"（《正学指掌》）

5. 明代的时代精神与阳明学

如上所述，明代的时代精神是主观、抒情的，但到了明末，在其烂熟之后也产生了弊害。自不待言，阳明学的崭露头角及其流行、堕落，也是与该时代精神之勃兴与推移密不可分的。

这是因为，王阳明的"知行合一"说、"致良知"说相对于朱子之理智主义而言，是偏于情意主义的。到了明末，扫除烦恼以求进入悟境的如来禅③业已衰微，而顺应当下之人心，应机而入悟境之祖师禅④则大行其道。在此背景下，王阳明所

---

①太宰春台（1680—1747）：日本江户时代中期的儒学家，师从荻生徂徕，与服部南郭同为古文辞学派的双璧。著有《经济录》和《辩道书》。

②尾藤二洲（1747—1813）：日本江户时代著名学者，潜心于朱子学研究。

③如来禅：如来所践行的禅法，为《楞伽经》所说的四种禅之一，注重通过修行来渐悟。

④祖师禅：达摩所提倡的禅，也指六祖慧能系统之禅，注重顿悟。

谓的良知，以主张现有即绝对之"良知现成论"①的形式流行了起来，并最终产生了弊害。下面所引用的深受阳明学影响的李贽所说的话，正如实反映了此种情况："酒色财气，一切不碍菩提路，有此便宜事，谁不从之？"（《明儒学案三·江右王门学案一·颍川语录》）

〔备考〕有关唐、宋、元、明的时代精神之详情及参考图片，可参照拙著《宋明哲学的本质》②之第一章、第二章、第三章。

---

①明末以王畿为代表的哲学主张，认为"良知"是当下现成、先天自足的本体存在，它无须学虑、不待修正、人人具有。在治学与修养方法上，主张一任自然，反对戒慎恐惧，认为"君子之学，贵于自然"。

②木耳社昭和五十九年（1984）十一月二十日版。

第一章

祖先的德行与声望

1. 兄弟友爱的王览

王阳明据说是西晋光禄大夫（宫中的顾问官）王览（206—278）的后裔。王览本是琅琊（今山东临沂）人。

王览的异母兄王祥（185—268）后来做到了太保（天子的助理）。传说王祥极有孝心，尽管遭受继母百般虐待也毫不忌恨。继母想吃鲜鱼，即便是在天寒地冻之时，他也会破冰捉来鲤鱼给她吃。继母想吃烤黄雀，他也设法捉了来提供给她。继母命他看护赤梨树①，每当风雨大作之时，他就抱树大哭。

王览既孝敬母亲也爱护哥哥王祥，时常劝诫母亲不要虐待哥哥、嫂嫂。在母亲嫉妒王祥的名声，想要用毒酒毒死王祥的时候，他亲手夺下了母亲手中的酒杯。（《晋书》卷三十三、《蒙求》卷下）

2. 公忠体国的王导

王览之孙王导（276—339）是东晋元帝时的丞相，明帝、

---

① 此处作者表述有误，根据《世说新语·德行》的记载，应为李树。

成帝时的太傅（天子的助理）。在元帝还是琅琊王的时候，王导就与他十分亲近了。看到天下已纷乱不堪，王导便辅助元帝，实现了复兴晋室之志。元帝即东晋帝位时，曾邀王导同坐御床，王导深知君臣之分，坚辞不受。（《晋书》卷六十五、《蒙求》卷上）

然而，王阳明却曾作了一首名为《纪梦》的诗来批判王导。在该诗的序中，他写道：

> 正德十五年（1520年，时年四十九岁）八月二十八日夜，卧小阁，忽梦晋忠臣郭景纯（璞）氏以诗示予。且极言王导之奸，谓世之人徒知王敦（王导从兄）之逆，而不知王导实阴主之。其言甚长，不能尽录。觉而书其所示诗于壁，复为诗以纪其略。

尽管是托言梦中之事，王阳明又为何要揭露以公忠体国著称的祖先的奸恶，并说"王导实为真奸雄"（《王文成公全书》卷二十）呢？或许是为了暗示他自己所侍奉的明武宗（正德皇帝）身旁奸臣环伺，并对此发泄强烈的憎恨亦未可知。

3. 书圣王羲之

王羲之是王导的从弟，王旷的儿子。王家祖居琅琊，至王羲之时，已举家迁至浙江会稽的山阴县（绍兴府山阴县①）。

王羲之，字逸少，自他出仕东晋朝廷为右军将军、会稽内史后，便世称"王右军"。人称王羲之的草书、隶书精妙无比、冠绝古今，而说到行书，尤以他为永和九年（353）三月三日，名士们在山阴郊外之兰亭的曲水流觞宴上所作诗文集而写的序——《兰亭序》——最为有名。王阳明的坟墓就在那兰亭的附近。其子王献之也工于书法，与乃父并称"二王"。辞官之后，王羲之便好与文人墨客一起游山玩水，且寄心于道教。（《晋书》卷八十）

后人有云："阳明甚追慕远祖，故风骨言行与之颇为相似。"

---

①浙江绍兴辖区古县名。

4. 以身殉忠义的王纲

王寿是王羲之的二十三世孙，在宋代为迪功郎（下级官吏）。至王寿时，王家已移居浙江余姚。

王纲，字性常，是王寿的五世孙、王阳明的六世祖。王纲颇能识人，且文武双全，与明太祖之名臣、一代诗文大家、儒家学者刘基是知己好友。自元末以来，王纲一直隐居乡里。刘基见其有王佐之才，便向朝廷举荐了他。太祖任命他为广东参议，派他去平定广东潮州的乡民暴乱，于是他就带着儿子王彦达前去赴任，说服了暴民，安定了地方。然而，当他们行至增城县，遇上了以曹真为首的海盗并被虏至匪巢。王纲欲以顺逆之理说服曹真，却反将其激怒而惨遭杀害。

王彦达痛哭流涕，高呼愿随父同死，曹真却道："父忠而子孝，杀之不祥。"于是释放了他。王彦达将父亲的尸体装在皮袋里，带回了家乡。

洪武二十四年（1391），朝廷下诏在增城给王纲立庙祭祀。王纲以身殉忠义的事迹，也被记录在了《明史·忠义传》里。

王彦达在痛悼父亲之死后，便终身不仕，躬耕陇亩，奉养老母，甘于布衣粗食，且自号"秘湖渔隐"。

明嘉靖七年（1528）八月，王阳明（时年五十七岁）于平定思恩、田州盗贼之后的回乡途中，曾顺道至增城拜谒了重建后的王纲之庙，并做了祭祀。是年十一月二十九日，王阳明客死南安（今江西大余）。这也可谓一种难得的因缘吧。（自王纲以下的传记，参照《王文成公全书》卷三十七《世德纪》）

5. 以阴德名世的王与准

王彦达之子王与准，字公度，号遁石。他谨遵乃父遗言，潜心学问，不入仕途，后又遵从"遁世无闷"①之教诲，栖身于四明山的石室之中。

适逢朝廷征求在野的高士奇才，有使者来当地县令处。县令因王与准曾拒绝为其占卜而怀恨在心，便趁机向使者进谗言道：

"因祖父为国殉忠，而朝廷抚恤过薄，故此父子二人心怀怨恨，誓不出仕。"

---

①语出《周易·遁卦》，意为逃避世俗而心无烦忧。

使者闻言大怒，在拘禁了王与准的三个儿子后，又深入四明山搜捕他。王与准逃入深山，不巧在岩石上伤了腿，无法走动，最终被捕。然而，使者见王与准率直坦荡，并无恶意，又听他讲述了内心的想法，便将他释放，同时又说，次子王杰是个人才，只要让他出仕皇家，便可赦免其一切罪过。无奈之下，王与准也只得应允。如此，王与准总算守住了乃父的遗愿。

考虑到是岩石伤腿自己才得以实现夙愿的，岩石的恩德不能忘记，于是王与准就自号"遁石翁"。

6. 心胸洒脱的王杰

王与准的儿子王杰，字世杰，因父亲在门前种了三棵槐树，便自号"槐里子"，世人也称他为"槐里先生"。他是王阳明的曾祖父。

王杰少年时就有志于圣贤之学，据说到了十四岁，他就通晓四书五经以及宋代大儒的学说了。他遵从父命，入县学做了一名弟子员，而县学里的一位老师见了他大为感佩，称赞他为"此今之黄叔度（汉朝的黄宪）也"。这个黄叔度是个了不起的人物，在十四岁时就被人比作孔子的高足颜回了。

不久之后，王杰经推举前去参加科举考试，可他看到考生全都头发散乱，脱衣露体，一副刻苦用功、不修边幅的样子①，就说："吾宁曳履衡门（简陋的房屋；隐者之家）矣。"连考试都没参加就回去了。

之后，地方长官也向朝廷推举了他，可他却以要奉养年老的父母为由而推辞了，并亲自下田耕种，亲自教子弟读书。然而，由于家里实在太穷了，以至于母亲在临终之际叮嘱他说：

"你越来越穷了。等我死后，你一定要出去做官。切记！切记！"

于是，在服丧期满后，他就进了南京的国子监。国子监祭酒陈敬宗待他如朋友一般。第二年，他被推举给朝廷为官，可遗憾的是，尚未正式接到任命，他就去世了。

王杰极具人格魅力，无论贤愚亲疏，全都对他敬爱有加。他的一言一行、一举一动，全都效法古代圣贤。他曾对门人弟子说："有志于学问之人若能看懂曾点之志，自然内心洒脱，

---

①此处作者表述有误，王杰看到的其实是为防止考生夹带作弊用品而在入场前予以搜身的场景，他觉得接受这样的检查有辱斯文、有损人格才放弃科举。

无论处于何种境地，都能安之若素……"

王杰的著述除了《易春秋说》《周礼考正》，尚有《槐里杂稿》数卷。他后被追授嘉义大夫、礼部右侍郎。

7. 酷爱竹子的王伦

王杰之子王伦（1421—1490），字天叙，是王阳明的祖父。由于他爱竹，在自家四周遍植竹子，且每日徜徉于竹林之中吟诗啸歌，故而世称"竹轩先生"。王伦天性恬淡寡欲，不动名利权势之心。由于父亲英年早逝，而他自己也终生甘于贫穷，他死后，家中仅留下五六箱书籍而已。

王伦继承乃父之志，也用功勤读，尤其爱读《仪礼》《左传》《史记》等书。他又擅长弹琴，常于风月晴朗之夜焚香抚琴，歌以古诗，令弟子赓和。因其心胸洒脱，人们将他比作晋之陶渊明、宋之林和靖[①]。

王伦身形魁伟，细目美髯，相貌堂堂，与人交往时温文尔

---

①林和靖：林逋（967—1028），字君复，宋仁宗赐谥"和靖先生"。北宋隐逸诗人，一生不娶不仕，以梅为"妻"，以鹤为"子"，有"梅妻鹤子"之说。

雅、和蔼可亲，然而，对待门人弟子却规矩森严，有凛然不可犯之处。他的文章崇简古，忌浮华，作起诗来提笔立就，看似不拘格律，其实无不中规中矩。著有《竹轩稿》《江湖杂稿》等。

后来由于其子王华身居高位而被授为翰林院修撰、礼部右侍郎之职。

8. 高洁刚毅的王华

王伦之子王华（1446—1522），字德辉，号实庵，晚年又号海日翁，是王阳明的父亲，曾在浙江余姚的龙泉山寺读书，故而世称"龙山先生"。他自幼便好读书，曾跟随塾师用功勤读。

有一次，当地县令带着一行随从视察该私塾，学童们全都抬头朝他们望去，只有王华一人依旧端坐桌前读书。塾师见状，便跟他开玩笑说："只有你不看来人，县令必定以为你傲慢无礼。倘若责怪下来，我看你怎么办才好。"

王华答道："县令是与我们一样的人，有什么好看的呢？"说罢，依旧低头读书。

十七岁时，王华的品学兼优就已得到公认，过了二十四岁，更是名声在外，以至于湖湘士人纷纷前来拜访，甚至到了络绎不绝、接踵而至的地步。

有一次，他被一位乡里富豪请去做客并留宿。当晚入夜后，竟有一位美貌妇人走入房中，说是奉主人之命前来侍寝，希望得到恩宠。王华大惊，说道："我怎能做出如此不义之事？"坚决拒绝。

于是那妇人取出了一柄扇子给他看。只见扇面上写着五个大字："欲借人间种"。

王华认得这确实是主人的亲笔。他便提笔添了五个字："恐惊天上神"。

那妇人见了，只得讪讪离去。

成化十七年（1481），三十六岁的王华中了状元——进士及第中的第一名，并被授予翰林院修撰。之后，又累进至礼部左侍郎。在此期间，他参与了《宪宗实录》《大明会典》《历代通鉴纂要》等典籍的编纂，以经筵官的身份给皇帝讲经，以东宫讲读的身份教皇太子读书。尤为难能可贵的是，因受孝宗信赖，他利用日讲之便，屡屡劝谏孝宗皇帝要戒安逸、勤圣学、亲贤臣、远邪佞。

孝宗驾崩后，武宗即位。没过多久，便出现了宦官刘瑾专权之政治乱象，为了取悦他，士大夫奔走其门者不可胜数。由于王华不屑于此，导致刘瑾极度不悦。

恰好时任兵部主事的儿子王阳明上疏天子，为因揭发刘瑾罪状而下狱的某谏官（南京户科给事中戴铣）求情，触了刘瑾的逆鳞，先被投入大牢，继而又被贬谪至贵州的龙场。刘瑾知道王阳明的父亲是一位名士，故而想施以怀柔策略，可王华并不买账。因此，在正德二年（1507），王华晋升南京吏部尚书之际，刘瑾无事生非，逼迫王华辞职。王华听说后，反倒大喜过望，说道：

"我从此便可免于灾祸了！"

王华秉性淳厚，极富仁爱之心，言行毫无矫饰，为人坦荡正直。对于别人的长处，便由衷夸赞；对于别人的短处，也总是直言不讳地予以指出。见人处于危难之中，会奋不顾身地予以救助。对父母竭尽孝心，对兄弟友爱有加。

当时，宁王朱宸濠正密谋造反。对此，王华早已有所察觉，并说：

"他日天下若有大祸，必由此人而起！"

于是，他就在浙江绍兴的龙溪买下良田，建造房屋，打算在那里隐居。

正德十四年（1519），朱宸濠果然在江西南昌举兵作乱，所幸王阳明的行动果敢神速，很快就将其镇压了下去。而面对如此巨大的事变，王华那镇定从容的态度也令人敬佩不已。

王华于嘉靖元年（1522）二月去世，朝廷念及王阳明的功勋，追授王华、王伦、王杰皆为新建伯。

王华不喜欢异端之书。有一次，一位朋友前来劝他习练神仙长生不老之术，王华辞谢道：

"我们能快快乐乐地生活于天地之间，就是因为内有父母、兄弟、妻子、宗族之亲，外有君臣、朋友、姻戚之谊。倘若抛弃了这一切前往深山幽谷，那就跟死人没什么两样了。何况圣贤之学本就讲究清心寡欲以安神志，又何必去求什么长生不老呢？修身以待天命，就是我们儒家的家法。"

辞官回家之后，王华便寄意于园林，时而与田夫野老说笑取乐。

早在成化七年（1471），王华曾娶妻郑氏，而在成化二十年（1484），即王阳明十三岁那年，郑氏便先于王华三十六年与世长辞了。之后，王华又娶赵氏为妻，杨氏为妾。

他共有四子一女，长子王守仁（阳明）为郑氏所生，次子王守俭为杨氏所生，三子王守文为赵氏所生，四子王守章为杨氏所生。女儿为赵氏所生，后来嫁给王阳明的门人徐爱为妻。

王家原本贫寒，到了王华这一代才荣华富贵起来。王阳明尽管出身名门，却也在潜移默化中受到了祖先遗德的影响。尤其是祖父竹轩公、父亲龙山公，王阳明深受他们的养育之恩，受其影响也最为显著。（以上内容之详情，请参照拙著《王阳明大传》第二章《祖先之令德》）

王氏世系简表

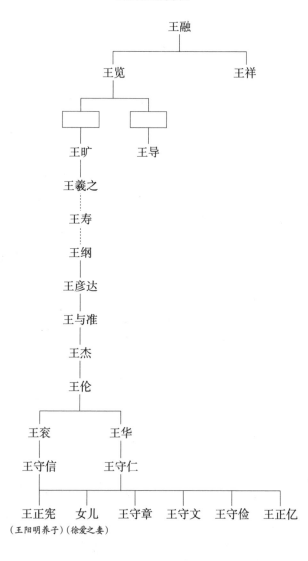

王融

王览　　　　　王祥

王旷　　　王导

王羲之

王寿

王纲

王彦达

王与准

王杰

王伦

王衮　　　王华

王守信　　王守仁

王正宪　　女儿　　王守章　　王守文　　王守俭　　王正亿
（王阳明养子）（徐爱之妻）

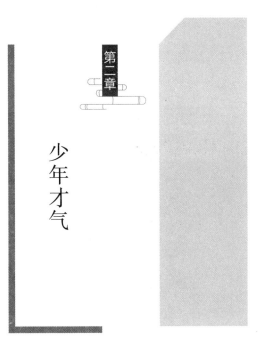

第二章

少年才气

1. 不开口的王云

王华之子王守仁（1472—1529），字伯安，因他曾筑室于越城东南约十公里处的阳明洞①中，故而世称阳明先生，他也自称为阳明，后因有大功于国家，尚健在时就被封为新建伯。

王阳明于成化八年（1472）九月三十日出生于浙江省绍兴府余姚。据传闻，那天夜里，祖母岑氏曾梦见有神仙身穿绛衣，脚踏祥云，前来献子。岑氏惊醒后，就听到了婴儿呱呱坠地的哭声。祖父竹轩公觉得十分神奇，就给这个刚出生的孙子取名为"云"。很快，余姚的百姓便争相传说这一奇闻，并将王阳明降生那栋小楼称为"瑞云楼"。

然而，奇怪的是，王云到了五岁，竟然还不开口说话。

有一天，正当他与别的孩子一起玩耍时，有个和尚路过，看到王云后竟说：

"可惜了。这孩子名'云'，道破了他出生之天机。"

---

① "阳明洞"又称"阳明洞天"，"洞天"是道教所称的修仙的理想场所，并非一定是真的山洞。据考证，"阳明洞"很可能是会稽山区宛委山山脚下的一所草棚。作者在其所著《王阳明大传》中也称，"其实，王阳明家乡的阳明洞，并不是一处洞窟"。而"阳明"即东方青帝，道教中的太阳神。

竹轩公闻听后，赶忙给他改名为"守仁"。然而，叫人觉得不可思议的是，一经改名，幼小的阳明立刻就开口说话了。

2. 诗才敏捷的少年

成化十八年（1482），十一岁之时，祖父竹轩公带着王阳明去他北京的父亲龙山公处。

途经江苏镇江时，竹轩公在金山寺设宴待客。镇江位于扬子江的南岸，自古即为与扬子江北岸之扬州齐名的名胜之地。竹轩公想作诗助兴，却一时难觅佳句。见祖父面有难色，一旁的小阳明便脱口而出，吟出了下面这么一首诗：

金山寺

金山一点大如拳，

打破维扬水底天。

醉倚妙高台上月，

玉箫吹彻洞龙眠。

这诗尽管略显幼稚，却不乏奇思妙想。在座的众宾客不相信这是十一岁少年的创作，疑心他是否盗用了别人的诗作，便以《蔽月山房》为题，让他重作。于是，小阳明又随口吟出了下面这一首：

蔽月山房

山近月远觉月小，

便道此山大于月。

若有人眼大如天，

当见山高月更阔。

这诗富于理性。就诗本身而言，也未见得如何出色，却视角独特、气魄雄浑，已颇显几分伟大哲人之气象了。

3. 成圣贤为第一等事

第二年，王阳明便上私塾读书了。可他十分调皮，时常溜出来与其他孩子一起玩打仗游戏。

一天，一个相面的偶然路过，看到王阳明后，大惊道：

"哎呀，这是日后将进入大彻大悟之圣境的相貌啊！"

王阳明听了也十分激动，从此以后，他就开始用功读书，且静坐凝想了。

有一次他问塾师：

"什么是天下第一等事？"

塾师回答：

"自然是进士及第了。因为这样不仅能让你出名，还能彰显你父母的名声呢。"

不料王阳明听了却说：

"这算不得天下第一等事。用功勤读，成为圣贤才是天下第一等事。"

4. 谋略之才

成化二十年（1484），王阳明十三岁时，母亲郑氏去世了。继母虐待王阳明，而王阳明略施小计成功让继母洗心革面的逸事也流传了下来。

有一天，一只人称不祥之鸟的鸮鸟（猫头鹰）躲进了继母的被窝里。继母一掀开被子，那鸟就蹿了出来，还一面怪叫着一面在屋子里乱飞。继母大惊失色，请来巫婆占卜吉祥。那巫婆说：

"因为你虐待继子，他生母郑夫人的阴魂就化作鸮鸟，要取你的性命了。"

从此之后，继母就洗心革面，善待王阳明了。

据说，这一切都是王阳明事先与那巫婆商量好的。（冯梦龙《王阳明先生出身靖乱录》）

5. 习练武艺与兵法

当时，明朝时常受到北夷西戎的侵扰。王阳明十一岁时，有鞑靼入侵北方边境，明军大败。后来幸好鞑靼内部发生内讧，边患才暂时得以缓解。

成化二十二年（1486），王阳明十五岁时，便胸怀经略四方之志而习练骑射，学习兵法，漫游居庸三关（位于北京西北六十公里处），考察边境情势。

一天，他梦见自己参拜了祭祀东汉光武帝时远征交趾、立下铜柱以宣示大汉疆界的名将马援（前14—后49）的庙——伏波将军庙，并作了一首诗。那座庙在广西横县①的乌蛮滩。

————————

① 2021 年改为横州市。

诗云：

　　　　梦中绝句

　　卷甲归来马伏波，

　　早年兵法鬓毛皤。

　　云埋铜柱雷轰折，

　　六字题诗尚不磨。

　　（《王文成公全书》卷二十《两广诗》）

　　嘉靖七年（1528），王阳明五十七岁时，平定了思恩、田州盗贼后去参拜了伏波将军庙，想起自己十五岁梦里所作的诗，便将其录了下来。"卷甲归来马伏波"这句诗，似乎就是他晚年平贼归来的预言。至于那"六字"，根据东正堂[1]的考证，为"铜柱折，交趾灭"。

---

①东正堂：本名东敬治（1860—1935），日本阳明学学者。

6. 宋儒格物学之败

王阳明待在京师的父亲身边时，搜罗并阅读了一些朱子流传下来的书籍，学习宋儒的"格物穷理"之学。知道了程颐所说的"众物必有表里精粗，一草一木，皆涵至理"[①]后，就与友人钱氏一起，不分昼夜地对着父亲官署里的竹子沉思默想，欲穷其理。钱氏"格"了三天，就筋疲力尽了。见此情形，王阳明斥责他"意志不坚定"，而他自己在坚持了七天之后，也终于病倒了。

于是，他就觉得"要成为圣贤是需要天分的，不可一味强求。宋儒所谓的'格物'，没有圣贤的那种大力量，到底是无法完成的"。从此，他就放弃了"格物"之学，转入世俗的诗文章句之学，借以抒发胸中的郁闷。

王阳明的"格竹穷理"为什么会失败呢？关于这一点，吴康斋[②]的门人陈白沙[③]曾有诗云：

①这是朱熹在《大学章句》中注疏程颐所说的话。
②吴康斋：吴与弼（1391—1469），初名梦祥，字子傅，号康斋，理学家，崇仁学派的创立者。
③陈白沙：陈献章（1428—1500），字公甫，别号石斋，人称"白沙先生"，岭南地区唯一从祀孔庙的大儒、明朝从祀孔庙的四人之一、心学的奠基者、明代性灵诗派的开创者，被后世尊为"圣代真儒""圣道南宗""岭南一人"。

窗外竹青青，

窗间人独坐。

究竟竹与人，

元来无两个。

在他看来，只有竹子与人合为一体，才能穷尽竹之理。仅仅是面对着它沉思默想，自然是一无所获的。

而王阳明想通过竹子领悟到万物之理，相当于获得禅宗所谓的顿悟，所以他的失败也是理所当然的。因为他违反了宋儒所谓"格物穷理"的宗旨。

清初朱子学者吕晚村（留良）曾引朱子之语"兀坐终日，存心于一草一木之间而求理，此非格物之学"来说明"阳明格竹，乃曲解朱子"。陆桴亭（世仪）也将其讥讽为"阳明竹理之论，与禅宗竹篦商量无异"①。

王阳明"格竹"虽然失败了，他这种"格物"的手法正确

①竹篦是禅僧用来击打参禅者敦促其开悟的工具，该过程称为"竹篦商量"。陆桴亭此话，是说王阳明的"格竹"简直跟佛教徒参禅一样，违背了朱熹的本意。

与否也姑且不论，与陆子心学倒是十分接近的。

黄宗羲（梨洲）曾说："康斋三门人（陈白沙、娄一斋[①]、胡敬斋）中，陈白沙之学最近心学。明代心学始于白沙。"

至于动态与静态之别暂且不论，仅就心学而言，"白沙心学"或可谓"阳明心学"之先驱亦未可知。

然而，"白沙心学"以朱子学为宗，是静态的，而"阳明心学"继承的却是"陆子心学"，是动态的。因此，两者之间有着本质上的区别，即"白沙心学"是属于宋代的，而"阳明心学"是属于明代的。

---

①娄一斋：娄谅（1422—1491），字克贞，别号一斋，理学家。其学术主敬穷理，即以"收心、放心"为居敬之门，以"何思何虑，勿助勿忘"为居敬要旨。著作有《日录》四十卷、《三礼订讹》四十卷、《诸儒附会》十三篇、《春秋本意》十二篇。

第三章

阳明五溺

1. 与诸氏女成婚

王阳明于孝宗弘治元年（1488）十七岁时结婚，妻子是江西布政司（作为中央直辖官而执掌民政财政）参议诸养和的女儿。按照中国当时的礼俗，新郎官是要亲赴妻家迎娶新娘子的。于是王阳明便于是年七月，赶赴江西南昌的诸氏馆舍完婚。

关于诸氏夫人，我们了解得不多，但她似乎是一位女中豪杰。宁王朱宸濠起兵造反时，王阳明为躲避乱军追击，想要告别养子王正宪与诸氏夫人，换乘小船脱离危险。当时，诸氏夫人见丈夫略显犹豫之色，便从怀中抽出短刀，表明自己心意已决，催促丈夫速速离去。（《王阳明先生出身靖乱录》）

2. 习练神仙养生之术

传说在成婚当日，王阳明却离开诸氏府邸，去了一个名为铁柱宫的道观。王阳明看到一位道士正在那儿打坐后内心深受吸引，便向他请教起了神仙养生之术来。那道士答道："养生之诀，无过一静。"并教了他导引之术。该道士生于蜀中，幼年出家，却不知姓甚名谁。

导引术传自汉代，其内容也是多种多样的。简单来说，就是一种以静坐调息为主的养生术。朱子也著有《调息箴》，可见宋代的儒者也习练此道家之术。许是调息确实有利于养生，故儒者也加以习练吧。

听了道士的话之后，王阳明心有所悟，居然忘了回家，与那道士面对面地闭目静坐了整整一夜。据说第二天早上，还是被岳家派出的人找到后才带回家去的。由此也可见，青年时代的王阳明可能身体虚弱，甚至患有结核病。之所以在大婚之日要向道士请教养生之术，恐怕是他当时就感觉到自己体质不佳的缘故吧。其实，他这般体质与他有志于心学也不无关系。事实上，阳明心学就是继承发展了宋代的陆子心学，而那位陆子也是个结核病患者。

3. 书法开悟

王阳明在岳家一直住到了来年年底。由于诸氏官邸中纸张很多，在此期间，他便大练起书法来。后来说起这段时期，他叙述道：

吾始学书，对模古帖，止得字形。后举笔不轻落纸，凝思静虑，拟形于心，久之始通其法。既后读明道先生书曰："吾作字甚敬，非是要字好，只此是学。"既非要字好，又何学也？乃知古人随时随事只在心上学，此心精明，字好亦在其中矣。

4.阳明书风

流传到日本的阳明真迹，是正德八年（1513）他四十二岁时，去宁波拜访即将回日本的了庵桂悟时为他书写的《送序》（请参照第六章第10节）。内藤湖南 [①]评其为："书势与文徵明相似，只稍嫌情有余而功力不及。"

而王阳明在两年前写给家里的书信也保存了下来，书法流畅清丽，洋溢着一股俊逸之气。

王阳明晚年的书法，则具有弘毅峻拔、遒劲直达之气象。

---

① 内藤湖南（1866—1934），本名虎次郎，字炳卿，号湖南，后以"湖南"之号行于世。日本近代中国学的重要学者，京都学派创始人之一，著有《日本文化史研究》《中国绘画史》等。

从他于嘉靖六年（1527）五十六岁时，前往思恩、田州平定暴乱前写给弟子的训诫之书《客座私祝》上，便可十分清晰地感受到如此书风。

其实，他四十四岁时写的《矫亭说》，就已经呈现出如此气象了。王育评其书法为："骨挺神骏，有鹰击长空之态。"

钱大昕评曰："笔试飘逸，学唐之李北海（邕）、晋之王羲之，又出之以劲拔刚健。"

总之，王阳明的书法雄健奔放，深受王羲之、李邕、黄庭坚、文徵明等人影响而又能自成一格，具有独特风格。

5. 跟娄一斋学习宋学

弘治二年（1489），王阳明十八岁那年的十二月，他携新妻回归故里。这是因为得到了祖父竹轩公病重的消息。

他们乘船来到江西的广信府时，拜谒了娄一斋，向他请教了宋儒的"格物"学说，还受到了"圣人必可学而至"的教诲。《明儒学案》的作者黄宗羲曾说：

"姚江之学（阳明学）发端于一斋。"

这或许是他将一斋与阳明的关系，看作朱子的老师李延平①与朱子之间的关系了吧。

朱子是遇到了李延平才确立了儒学志向的，可王阳明的情况却未必如此。不过，我们虽然并不十分了解一斋之学的详细内容②，但也知其略有心学倾向，所以黄宗羲的话也不能全面否定。

娄一斋是吴康斋的门人，同门之中有陈白沙和胡敬斋（居仁），而陈白沙的弟子中有王阳明的论友湛甘泉（若水）。吴康斋信奉朱子学，却也带有心学倾向，其门人弟子虽学风各异，也都同样带有心学倾向。

不得不说的奇缘是，娄一斋的女儿居然是受到王阳明的讨伐且被生擒的宁王朱宸濠的妃子。这位娄妃不愧是儒学大家的女儿，在朱宸濠显露出谋反之意时，曾极力加以劝阻，但朱宸濠根本不听。最后，她只得投身鄱阳湖以全死节。

---

①李延平：李侗（1093—1163），字愿中，世号延平先生，程颐的二传弟子，朱熹曾随其求学，并将其语录编成《延平问答》。著有《李延平先生文集》。
②由于娄谅的女儿是宁王朱宸濠的妃子，故宁王造反失败后，娄谅的著作也大多散佚，后人无法了解其学问。

6. 进士落第

第二年，由于祖父竹轩公去世，父亲龙山公也从京师回乡了。龙山公命王阳明攻读经书。于是他每晚都读书读到很晚，同时也开始学写八股文。其结果是，他于弘治五年（1492）二十一岁时通过了浙江省的乡试，取得了进士考试的资格。

当时一起通过乡试的人中有余姚的孙燧（德成）和浙江仁和的胡世宁。后来，孙燧因上疏朝廷揭露宁王有造反企图而被杀；胡世宁也因上疏朝廷揭露宁王谋叛而遭流放；王阳明则征讨了宁王朱宸濠。

第二年，王阳明参加了进士考试，但落第了。会试主考官李西涯（东阳）跟他开玩笑说：

"这一科你没考中，来科一定能中状元。何不写一篇《来科状元赋》呢？"

不料王阳明提笔就写，一挥而就。围观的老一辈们见了，连呼"天才！天才！"，一个个全都赞赏不已。

然而，其中也不乏嫉贤妒能之辈，觉得王阳明要是中了进士，肯定会看不起自己。

事实上王阳明下一科进士也落第了，有人就说：

"这就是那些人嫉妒的结果。"

7. 再次落第

弘治九年（1496），二十五岁时，王阳明再次参加进士考试，却再次落第了。当时有人因科举落第而羞愧难当。见此情形，王阳明便安慰他们，说道：

世以不得第为耻，吾以不得第动心为耻。

据说有识者闻听此言后大感佩服。

8. 作诗与专攻兵法

王阳明回到余姚后，结诗社于龙泉山寺，乡里长老们对其高妙的诗才无不惊愕。第二年，王阳明再赴京师，与何景明、李梦阳等人一起研习古文辞。该派提倡"文必秦汉，诗必盛唐"。

当时边疆告急，朝廷向天下征求将才。王阳明考虑到光有武艺还是远远不够的，于是博览各家兵书，热衷于兵法研究了。

9. 再次失败于朱子格物之学

对于圣人之学的热情，王阳明从未丧失过。尽管有时他也沉湎于诗文技巧，但很快就知道那并非至道。然而，他又遍寻天下师友而不可得，故而心中十分困惑。

有一天，他读到朱子给宋光宗的奏章里有这么一句话："居敬持志，为读书之本；循序致精，为读书之法。"不禁幡然悔悟，感到自己以前的求学之道未做到循序渐进地去穷尽物理，于是决定遵从朱子的教诲，发奋用功。可是，他却怎么也做不到物理与内心融为一体，整天闷闷不乐，以致旧病复发。他深感要成为圣贤也是需要天分的，便灰心丧气地回到了故乡。那时，他又听到了道士的养生之术，甚至产生了脱离尘世、隐遁山林的想法。

如此这般，王阳明投身于朱子的格物穷理之学，又失败了。不过这次失败是由于他意识到，在朱子学中，物理与自己的内心是不可能融为一体的。因此也可以说，此时的王阳明，已开始追求心学意义上的格物穷理了吧。

10. 进士及第

弘治十二年（1499），朝廷又举行了进士考试。王阳明赴京师赶考，以二甲进士出身第七人通过，时年二十八岁。

进士及第分为一甲、二甲、三甲三等。一甲三名，称进士及第，其中第一名称状元。二甲、三甲若干名，称进士出身。王阳明为二甲第七名。

11. 经世之志

是年秋，王阳明以工部事务见习的身份，被派往河南浚县，监修景泰帝时的武将威宁伯王越的陵墓。王阳明运用兵法原理出色地完成了这项工作，作为纪念，王家赠送了一柄王越当年的佩剑给他。

传说王阳明当初前往浚县时没有坐轿，是骑马去的。经过一段山路时，他意外落马，胸部受伤，导致咯血。有人推测此次落马就是他日后患肺病的原因之一。

那时，鞑靼再犯边境，朝廷下诏，要求臣下对此建言献策。为此，王阳明上了一篇《陈言边务疏》（《王文成公全书》卷九），从八个方面对强化国防提出建议，全都切合时务。

弘治十三年（1500），王阳明出任刑部云南清吏司主事。这是一种相当于司法官的工作，极为繁忙，而他又每每读书至深夜，故而患上了咳嗽病（支气管炎）。次年三月，曾出现咯血。八月，王阳明又受命前往江北（四川）①审查囚犯，他不顾医生的忠告毅然赴任，为当地囚犯平反昭雪了不少冤假错案。

审查结束后，王阳明上安徽九华山游玩，写下了许多诗作。此时的王阳明像是正在追求庄子《逍遥游》似的，即超越尘世、自由自在的心境。

有一次，他遇到了一位姓蔡的蓬头（头发乱似蓬蒿）道士。王阳明执礼甚恭地向他请教神仙之道，那道士却说：

"我看你一团官相，说甚神仙？"

———————————

①此处作者表述有误，当为江淮一带。作者在其所著《王阳明大传》中记述为"直隶（当指南直隶）和淮南地区"，当是。

说罢，便一笑而去了。

后又听说地藏洞里有一位异人，王阳明便不避艰险，攀上悬崖前去与之会面。那道士跟他说了一通佛教与老庄的道理之后，又说：

"周濂溪（敦颐）、程明道（颢），是儒者两个好秀才。朱考亭（熹）是个讲师，只未到最上一乘。"

王阳明听后喜不自胜，可当他第二天再去时，那道士已不知所终了。据记载，当时王阳明曾作了下面这首诗（《王阳明先生出身靖乱录》）：

路入岩头别有天，

松毛一片自安眠。

高谈已散人何处，

古洞荒凉散冷烟。

那道士贬低朱子，称赞周敦颐、程颢，似乎正暗示着王阳明的学统。因为，看日后的阳明之学，也可见他是以浑然道体之"体认自得"为宗旨，高度评价此二人的学说，而对偏理性、重分析的程颐和朱子的学说持批评态度。

12. 悟出佛、道之非

弘治十五年（1502），王阳明三十一岁那年的五月份，他回京向朝廷汇报审查囚徒之结果，在前往扬州的途中旧病复发，不得不在扬州滞留了三个月。其间，他上奏朝廷，请求回乡养病。那时他想到"吾焉能以有限精神为无用之虚文也"，并为之前醉心于文辞而追悔莫及。

回到家乡后，他便在会稽四明山的阳明洞中作室而居，习练导引之术，居然练到了能预测未来吉凶的地步。其实，被称作阳明洞的地方共有三处，分别位于四明山、龙场和南赣。龙场的那个又叫阳明小洞，南赣的那个又叫阳明别洞。

王阳明在阳明洞中一心只想摒弃俗念，极力想进入脱离尘世的境界，可只要一想到祖母岑氏和父亲龙山公，就怎么也割舍不下。这时，他突然领悟到："此孝悌一念，生于孩提。此念若可去，断灭种姓矣。此吾儒所以辟（驳斥）二氏（佛、道二家）。"

于是他觉得还是应该以入世之精神，到社会上去大干一番。与此同时，考虑到在此之前，必须先有个健康的身体，他便移居风光明媚的钱塘西湖畔，边休养边巡访起周边的古刹来了。事实上也是到了此刻，王阳明才真正有志于圣学的。

13. 阳明五溺

王阳明的论友湛甘泉在《阳明墓志铭》中列出了如下之"阳明五溺"：

"初溺于任侠之习，再溺于骑射之习，三溺于辞章之习，四溺于神仙之习，五溺于佛氏之习。"

王阳明从异端（佛、道学说）转向儒学的动机在于他动了孝念，这一点也让人颇觉有趣。当然，儒家向来重孝，甚至将其看作百行之本，而若将朱子学与陆王学相比较，陆王学的重孝倾向显然要大于朱子学。

14. "棒喝"禅僧

在西湖畔休养的王阳明，有一天造访了虎跑寺。该寺有一个三年来不发一语、不视一物，只管一味打坐的和尚。见到他后，王阳明便以禅机喝道：

"这和尚终日口巴巴说什么？终日眼睁睁看什么？"

那和尚一惊而起，对王阳明恭恭敬敬地深施一礼。在与他的问答中得知他难以忘怀自己的老母，王阳明便开导他说：

"惦念父母乃是与生俱来之天性。"

那和尚闻言涕泪交流，一个劲儿地表示感谢。第二天，王阳明再去该寺时，那和尚已不在了。可见王阳明尚有如此这般运用禅机教化他人的手段。或许正因如此吧，阳明学派的儒者之中，也不乏用此手段者。

第二年，王阳明因后悔三十年间误求神仙之道而写下了如下诗作：

　　　　赠阳伯（后汉修仙家魏阳伯）[1]

　　　　　阳伯即伯阳（老子）[2]，

　　　　　伯阳竟安在？

　　　　　大道即人心，

　　　　　万古未尝改。

———————————

　[1]原注有误，"阳伯"指王阳明的内侄，即诸氏夫人兄长的儿子，诸阳伯。
　[2]原注有误，"伯阳"指东汉炼丹理论家魏伯阳，本名魏翱，字伯阳。

长生在求仁，

金丹非外待。

谬矣三十年，

于今吾始悔。

在此诗中，王阳明表达了"如神仙一般的长生不老，不是靠仙药所能获得的。却能因追求孔子所说的'仁'而获得"。与此同时，诗中的"大道即人心"，也让人觉得已带有几分他那穷理之心学的意味了。

15. 倡导圣学

弘治十七年（1504），王阳明三十三岁的那年秋天，他被任命为山东省的乡试主考。那时，他写下了《山东乡试录》。其中，他根据四书五经选定了十三个题目，又提出了事关经世之大事的五条策问。该《乡试录》的序，向来被公认为佳作，甚至还被收入《皇明十大家文选》。而像南大吉这样的学子能成为王阳明的弟子，也可谓得益于王阳明出任山东乡试主考官之机缘吧。

同年九月，王阳明改任兵部武选清吏司主事。这是个负责武官考核的职务。

这一时期，王阳明也有了自己的门人弟子。王阳明看到有志于儒学的学子却一味沉湎于辞章记诵，全然不知该用身心来体认自得的圣学，便提倡"为学必先立志成圣人"。闻者兴起[①]。

然而，当时也有许多人觉得王阳明是在标新立异，并纷纷予以非难。只有陈白沙的门人，当时为翰林院庶吉士（执掌宫中文书之官）的湛甘泉十分理解王阳明的立场，于是两人便携起手来，共同倡明圣学。湛甘泉的资历还略深于王阳明，由于当时他继承了程颢的学说，强调天理之体认，与王阳明所倡导的身心之学是如出一辙的。

如此这般，他俩便同心协力，共同在京师为复兴圣学而努力着。然而，虽说他们同样倡导体认之学，可到了晚年，两者在学说上也多少呈现出一点差异[②]。照王阳明看来，湛甘泉的

---

①语出《孟子·尽心下》："奋乎百世之上，百世之下，闻者莫不兴起也。非圣人而能若是乎？"兴起：因感动而奋起。

②作者在其所著《王阳明大传》中却说，"（在晚年）二人的观点变得水火不容，一度出现彼此相互批判的情形，但都抱有将彼此学说合而归一的心愿"。

"天理体认"之学，未免太过间接，且不乏迂回曲折之处。这是因为，王阳明在晚年又提出了"致良知"之说，而这确实是极为直截了当的体认之学。

第四章

龙场大悟

1. 弹劾宦官刘瑾

弘治十八年（1505），明孝宗驾崩，年幼的明武宗即位，改年号为正德。王阳明时年三十五岁。

孝宗是明朝屈指可数的明君，而武宗则正好相反，是个愚暗的天子。起初，武宗也肯用功勤读，加之杨一清等一干名臣尚在，朝堂上倒也未见乱象，可后来他宠信刘瑾等八名太监，朝政便日趋糜烂了。这八名太监人称"八虎"，一心只想着如何逢迎天子，把持朝政。于是有南京的谏官戴铣、监察官薄彦徽等人上奏弹劾，结果触怒了刘瑾，全都被投入了大牢。

见此情形，王阳明义愤难抑，便上疏为戴铣求情。不料同样触怒了刘瑾，也被投入大牢，且被责打了四十廷杖，折磨得死去活来，不久之后又被流放到贵州的龙场去做了一个小小的驿丞（宿驿之长）。

当时正值隆冬季节，牢狱生活有多悲惨，只要读一读王阳明在狱中所作的十四首诗，就不难想象了。

然而，尽管身处极度的厄运之中，王阳明心中默念的却是根据天地自然之理来阐述处世之道的《周易》。不过，想来这也是理所当然的事吧。当时他所作的名为《读易》之诗（《王文成公全书》卷十九）的首尾部分，如下所示：

囚居亦何事？省愆（过失）惧安饱（安逸）。

瞑坐玩羲《易》，洗心见微奥。

乃知先天翁（伏羲），画画有至教。

…………

俯仰天地间，触目俱浩浩。

箪瓢（极贫）有余乐，此意良匪矫。

幽哉阳明（阳明洞）麓，可以忘吾老。

2. 前往龙场

王阳明动身前往龙场，是在第二年，即正德二年（1507），他三十六岁的时候。临别之际，友人湛甘泉作诗《九章》以赠，崔子钟和以一组《五诗》，王阳明则作《八咏》以答。

王阳明首先前往浙江杭州，得知此消息后，刘瑾派出刺客，欲在途中杀害王阳明。王阳明设计笼络刺客，造成在钱塘江投水自尽的假象得以脱离虎口，随后便沿江岸直到海边，再搭乘商船去了舟山列岛。

后因偶遇台风，只一夜就被吹到了福建省北部。从那儿上岸后，王阳明又走了数十里的山路，在一寺庙里歇宿。令人感到不可思议的是，二十年前在铁柱宫中遇见的那个道士赫然出现在那里。

王阳明诉说了自己被刘瑾派的刺客追杀，今后打算隐姓埋名、避世不出的情况后，那道士开导他说：

"你的父母不是还健在吗？刘瑾一旦得知你下落不明，恐怕会迁怒于你的父亲吧。"

为了激励王阳明，那道士还作了如下一首诗：

二十年前已识君，今来消息我先闻。

君将性命轻毫发，谁把纲常重一分。

寰海已知夸令德，黄天终不丧斯文。

英雄自古多磨难，好拂清萍建大勋。

随即，那道士又为王阳明算了一卦，算得"明夷"。所谓"明夷"，就是"光明遭受伤夷"的意思，是一个表示因小人身居高位执掌权柄而君子下野导致世道黑暗无光的卦象。而在如此世道中，隐藏智慧、避免灾祸方为上策，故其卦辞为"利艰贞"①。

于是王阳明便下定了前往龙场的决心，并在墙上题下了如下一首绝句：

泛海

险夷（逆境与顺境）原不滞胸中，

何异浮云过太空？

夜静海涛三万里，

月明飞锡（僧人用的锡杖）下天风。

由于王阳明的牵连，父亲龙山公也遭受了无妄之灾，从礼部侍郎降职为南京吏部尚书。不久之后，又被迫辞职了。

上面这首《泛海》虽然显示了王阳明已超脱生死的悟境，但这时的王阳明也仅仅是用诗来显示自己所憧憬的境界而已，应该尚未达到真正的悟境。

在《年谱》②中，王阳明是走小路经过武夷山回去的。途中，还经由鄱阳湖前往南京与父亲相会，于十二月回到钱塘，

---

① 卜问艰难之事则利。
② 即王阳明的学生钱德洪编撰的《阳明先生年谱》。

然后再从那儿前往龙场。但实际上龙山公并未去南京上任，因此王阳明或许并未去南京。想必脱离了刘瑾之虎口逃到海上的王阳明，很快就上了岸，并潜藏在家乡的深山之中了吧。

王阳明不知所终之后，其家人、朋友都十分担心。

后来有人对湛甘泉说：

"王阳明在钱塘江投水后一直到福建才上岸，他的登鼓山之诗（《武夷次壁间韵》）就是证据。"

甘泉笑道：

"这是他为了佯狂避世而写的诗。数年后，我在滁州遇到他时，他就跟我说了实话。"

据说王阳明的门人徐爱当时也坚信王阳明肯定还活着。

至于王阳明如此这般地运用计谋，倒是毋庸置疑的事实。他之所以能在西湖畔的寺中脱离刺客之虎口，于九死一生中逃出生天，靠的就是智谋。

根据《王阳明先生出身靖乱录》记载，王阳明在寺中写下了两首诗后，又写了一篇绝命辞，在将刺客灌醉后，造成自己已投钱塘江自杀的假象，旋即便悄然逃走了。

3. 龙场大悟

王阳明于正德三年（1508），三十七岁那年的春天到达龙场。这是个连语言都不通，且恶疫流行的蛮荒之地，其生活之艰难，简直非笔墨所能形容。因此，王阳明时常受到死亡的威胁。但是，他还是很好地抚慰仆从，驯化蛮族并施以教化。

然而，此时的王阳明虽然已能超然面对荣辱得失，却还依旧对生死之念耿耿于怀。于是他在居室的后面修整了一个石洞，并在其中日夜端坐，以求内心宁静。最后，终于达到了内心洒落之境地。

倘若圣人落到如此境地，又会如何应对呢？——怀着如此心念而日夜端坐之际，有一天夜里，精神恍惚间，他忽然悟出了《大学》中"格物致知"的含义，并不由自主地大叫起来，将仆从们吓了一大跳。他突然意识到，圣人之道就在人的心中，而之前那种欲从外在事物中去探求真理的做法是错误的。对此，世称"龙场大悟"（龙场悟道）。佐藤一斋[①]曾评说：

"'龙场悟道'之后，王阳明才真正知道了什么是

---

① 佐藤一斋（1772—1859），日本江户时代后期儒学家，美浓岩村藩士。除朱子学，还精通阳明学。曾任昌平黉塾长，培养出了渡边华山、佐久间象山、林鹤梁等优秀人才。著有《言志四录》《爱日楼文诗》等。

圣学。"

王阳明又将自己所悟出的道理与记忆中的"五经"言论一一对照，发现居然全都符合，于是写下了《五经臆说》。该书现在只留下了"十三条"[①]，收录在《王文成公全书》。

不久之后，王阳明就在那里建起了书院[②]，为当地人讲学。《王阳明先生出身靖乱录》中记曰：

"一夜梦中谒见孟子，获授良知之说。"

这自然是将王阳明所悟得的"格物致知"真意误以为是"良知"之意了。

4. 感化州长官

由于王阳明的教化之功也惠及了当地土著，故而他们也越来越信服王阳明了。

有一次，思州的某个小吏来到龙场，出言吐语极为不敬，对王阳明极尽羞辱之能事。这估计出于对王阳明在当地颇有声

---

①《五经臆说》共有五十六卷，王阳明晚年因担心后人误解而亲自将其焚毁了。"十三条"是学生钱德洪从其残稿中抄录下来的。
②即龙岗书院，现位于贵州省修文县阳明先生纪念馆内。

望的嫉妒之心吧。当地土著得知后，群情汹汹，将他痛殴了一顿，搞得他颜面扫地，于是思州的长官便向其上司控诉了此事。当时的宪副（按察副使）毛应奎（拙庵）派人来找王阳明，对他晓以祸福利害，劝他亲往州府衙门赔罪。但王阳明却没有领他这个情，只是给毛应奎写了一封信，申诉了自己平素坚守的信念。这封信写得入情入理，足以令人敬服。因此，不仅仅是毛应奎，就连思州长官也对王阳明心悦诚服。

在此期间，王阳明还以道义说服了某土著豪族，平定了叛乱。当时的王阳明，只是蛮荒之地的一个小小驿丞，却能做到不仅不屈服于权势，还能凭借道义使豪族屈服，这恐怕也有赖于他悟道所得的坚定信念吧。

第五章

『知行合一』说

1. 受聘贵阳书院

闻得王阳明之令名的提学副使席元山①有一天询问王阳明朱学与陆学的异同，可王阳明却绝口不谈朱陆之学，只阐述自己所悟得的"知行合一"之旨。席元山听了之后，当天带着疑问回去了。结果第二天他又来造访。于是王阳明以"五经""诸子"的言论为依据，进一步说明了"知"与"行"的本义。席元山这才理解了"知行合一"的主旨。

之后，席元山又几次来向王阳明请教，最后终于恍然大悟，并说道：

"今天终于看到了圣人之学。朱陆之学，各有得失。不能仅靠辩论来求其异同。只要求之于自己的本性，就自然明白了。"

不久之后，席元山与毛应奎一起修复了贵阳书院，聘请王阳明前去讲学，并亲自率领诸生一同师从王阳明。

①席元山（1461—1527），名书，字文同，号元山。他原本非常推崇陆学，曾著《鸣冤录》为陆学辩解，后师从王阳明。

2.朱陆同异论

朱陆同异论的讨论发生于从元代至明初的这段时期。众所周知，朱子与陆九渊（陆象山）是论友，由于他们的学术见解相左，两人经常辩论。但是，在陆子去世后，朱子学便兴盛了起来，由于元朝和明朝都以朱子学来选拔官吏，故而到了王阳明的时代，已是朱子学万能的局面了。

然而，正如前文所述，时代的风潮是会发生变化的，自元代起，对于陆学的关注便日益高涨，在自元至明初的这段时间里，甚至出现了"朱学和陆学所阐述的其实是一回事"的议论。不过这也仅存在于一小部分人之间，以朱子学为正统之学毕竟还是社会大势。因此，对如此现象加以批评且赞成陆学，有时还会受到朝廷的严惩。

正如前文所述，陆学以"心学"为宗，以为万物之理皆在于心，因此只要悟得"心即理"这么个道理，也就能穷尽万物之理了。

而朱子以为心也并非绝对纯净的，本心①自然是理，但如

①本心：指天生的善性；天良。语出《孟子·告子上》："乡为身死而不受，今为宫室之美为之……此之谓失其本心。"

果称"心即理"，将现有的心直接当作理，那就连不纯的心也当作理了。而这样反而会乱了世道纲纪。因此，对于心，必须严肃对待，重要的是要使其成为本来的心。并且，虽说"本心即理"，格心求理，也会因求理之心与被求理之心之间所产生的矛盾而变得不可收拾。反倒是格物穷理，心能穷尽天理。

也就是说，"格物穷理"是十分必要的，并且要运用理智来究明什么是天理，必须通过实践来真正了解天理。

不过，尽管朱子力主以理性的方式来穷理，却也并未忘记心之"存养[①]"，只是相较于陆学，其理性倾向十分明显而已。

用《中庸》里的话来说，朱子那偏于理性的，究明心外之物的理的穷理之学，就是"道问学"；而格心求理的陆子之学，则是"尊德性"。[②]因此，通常认为，朱子以"道问学"为主，陆子以"尊德性"为主。但"朱陆同异论"则认为，朱子其实也讲"尊德性"，陆子也未抛却"道问学"，两者在根

---

① 存养：存心养性。出自朱熹《答何叔京书》："二先生拈出敬之一字，真圣学之纲领，存养之要法。"

② "道问学"和"尊德性"出自《礼记·中庸》："故君子尊德性，而道问学，致广大，而尽精微，极高明，而道中庸。"意谓君子既要尊重与生俱有的善性，又要经由学习、存养发展善性。

本上是一致的。

如前所述，席元山曾就朱陆之同异问过王阳明，但王阳明却没作正面回答，只跟他阐述了"知行合一"说。那么王阳明为何不正面回答席元山的提问呢？恐怕是因为在那个以朱子学为万能的时代里，讨论这个问题有招致四方责难之虞。

席元山十分敬服王阳明的学问、道德，日后还向天子推举他为辅弼大臣。

3. 阐述"知行合一"

王阳明的"知行合一"说，起初连他的门人弟子都无法理解。这一点从他的弟子，即被他称作"吾之颜渊"的徐爱为了理解这一学说所作的艰苦努力，就可略窥一斑。这是因为长期以来，朱子的"知行二分"说，具体而言就是"先知后行"说，即理性主义已经成了人们的常识。譬如说，即便知道了对父兄必须孝悌，也有人实际做不到。由此可见，"知"和"行"是两件事。天长日久，就成了常识。但王阳明却偏偏要说"知"和"行"是"合一"的。

为什么"知行"是"合一"的呢？因为朱子的"知行二

分"说是基于理性主义的，而王阳明的"知行合一"说是基于感性主义的。也即，就朱子学的立场而言，感觉到一念发动之时，尚未付诸实践，所以这是"知"，而非"行"；而与此针锋相对的是，王阳明认为这是"行"，因为意念与知觉、好恶与知觉本就是合为一体的，是无法分开的。

在此，我们无暇详细讨论王阳明的"知行合一"说，就将他有关"知行"的言论摘录如下吧：

知是行的主意，行是知的功夫。知是行之始，行是知之成。（《传习录》上）

知者行之始，行者知之成。圣学只一个功夫，知行不可分作两事。（《传习录》上）

我今说个"知行合一"，正要人晓得一念发动处，便即是行了。发动处有不善，就将这不善的念克倒了。须要彻根彻底，不使那一念不善潜伏在胸中。此是我立言宗旨。（《传习录》下）

知之真切笃实处即是行，行之明觉精察处即是知，知行功夫本不可离。只为后世学者分作两截用功，先却知、行本体，故有合一并进之说，真知即所以为行，不行不足谓之

知。（《传习录》中《答人论学书》）

外心以求理，此知、行之所以二也。求理于吾心，此圣门知、行合一之教，吾子又何疑乎！（《传习录》中《答人论学书》）

夫学问思辨行，皆所以为学。未有学而不行者也。（《传习录》中《答人论学书》）

若行而不能精察明觉，便是冥行。（中略）知而不能真切笃实，便是妄想。（《王文成公全书》卷六《答友人问》）

知行原是两个字说一个功夫，这一个功夫须著此两个字，方说得完全无弊病。若头脑处见得分明，见得原是一个头脑，则虽把知行分作两个说，毕竟将来做那一个功夫，则始或未便融会，终所谓百虑而一致矣。若头脑见得不分明，原看作两个了，则虽把知行合作一个说，亦恐终未有凑泊处，况又分作两截去做，则是从头至尾更没讨下落处也。（《王文成公全书》卷六《答友人问》）

某今说知行合一，虽亦是就今时补偏救弊说，然知行体段亦本来如是。吾契但着实就身心上体履，当下便自知得。今却只从言语文义上窥测，所以牵制支离，转说转糊涂，正

是不能知行合一之弊耳。（《王文成公全书》卷六《答友人问》）

到了王阳明晚年，其"知行合一"说变得越发切实，且凭借着"致良知"，也变得越发明白了。

第六章

庐陵、北京时代的讲学

1. 刘瑾被处刑

王阳明贬谪龙场期间，朝廷内部也发生了巨变，主要是针对刘瑾的弹劾潮终于爆发了。

正德五年（1510）五月，太祖的第十六子、庆靖王的曾孙、安化王朱寘鐇在宁夏举兵，讨伐刘瑾。朝廷命杨一清予以征讨，但未等他到达阵前，朱寘鐇就已经被仇钺生擒活捉了。

而就在杨一清向朝廷献俘的同时，他又命张永向武宗奏呈了刘瑾的十七条罪状。武宗采纳后，便处死了刘瑾一党，并重新起用了曾遭刘瑾迫害的官员。就这样，在刘瑾势力于朝廷中央衰败的背景下，王阳明也被重新起用了。

2. 评说静坐悟入

正德四年（1509）末，王阳明被任命为庐陵县（江西吉安）知县。翌年三月，他到达了任地。途中，在湖南的常德、辰州，看到冀元亨（字惟乾）、蒋信、刘观时等门人弟子都于学问上用力甚勤，他心中十分欣喜。然而，他又看到对于自己在贵阳所教授的"知行合一"，大家只是议论纷纷，尚未进入堂奥，便特意传授了通过静坐来领悟本性的方法。

然而，他担心其"静坐"法被误解为佛教的"坐禅入定"，故而在离去之后，他又特意写信给他们，称"前在寺中所云静坐事，非欲坐禅入定。盖因吾辈平日为事物纷拿，未知为己，欲以此补小学收放心①一段工夫耳"（《王文成公全书》卷四），提醒他们即便是在静坐时，也不要陷入坐禅的境地。

顺便提一下，冀元亨和刘观时都在日后的"宸濠之乱"中挺身而出，为王阳明积极奔走。

3. 卧治②六月

正德五年（1510）三月，王阳明到达了他的任地庐陵县。此时，王阳明三十九岁。在行政上，王阳明以文治为宗，而非临之以刑威，且通过县中父老将此宗旨晓谕百姓，取得了良好的政绩。友人湛甘泉称其为"卧治六月"（《王阳明墓志铭》）。

---

①即孟子提出的"求放心"，语出《孟子·告子上》："学问之道无他，求其放心而已矣。"意为"将丢失的良心追回来"。

②语出《史记·汲郑列传》，意为政事清简，无为而治。

"卧治"的说法出于西汉武帝之口。据说，性喜老子之道、主张为政应以清宁为宗旨的大臣汲黯辞退了淮阳太守之任命，武帝便允许他"卧而治之"。

4. 强调立志

是年十一月，王阳明进京朝觐，寓居大兴隆寺，通过储柴墟的介绍，黄绾前来拜访。王阳明与他相谈甚欢，并问圣贤之学断绝已久，他是从哪听说的，黄绾答道：

"我虽然也有志于圣贤之学，但没怎么用功。"

王阳明说道：

"人最应该上心的是有没有立志，是否用功倒还在其次。"

接着便大谈起了立志的必要性。

确实，立志在阳明学中有着特别重要的意义。龙场悟道之后，王阳明便向当地诸生出示了必须遵守的四条学规，而其中的第一条便是"立志"。

志不立，天下无可成之事，虽百工技艺，未有不本于志者。今学者旷废隳惰，玩岁愒（kài，荒废）时，而百无所成，皆由于志之未立耳。故立志而圣，则圣矣；立志而贤，则贤矣。志不立，如无舵之舟，无衔之马，漂荡奔逸，终亦何所底（通"抵"，达到）乎？

（《王文成公全书》卷二十六）

王阳明极其重视立志，将其当作学问之根基。因此，日后也给弟弟写下了如下所示的"立志说[①]"：

志之不立，犹不种其根而徒事培拥灌溉，劳苦无成矣。世之所以因循苟且，随俗习非，而卒归于污下者，凡以志之弗立也。

（《王文成公全书》卷七）

对于王阳明而言，立志才是学问上的"大头脑"（紧要之处）。

到了晚年，与人通信时还说：

---

① 即王阳明写给三弟王守文的《示弟立志说》。

大抵吾人为学，紧要大头脑，只是"立志"……

（《传习录》中《答周道通书》）

　　滞留京师期间，王阳明与黄绾、湛甘泉过往频繁，经常在一起切磋学问。在那时，黄绾并未马上成为王阳明的弟子，他是在日后了解了王阳明的学问根底之后，才正式拜王阳明为师的。日后黄绾权高位重，王阳明去世后，他看到其嗣子王正亿[①]，受人欺辱，遭受迫害，就将他领回自己家中加以保护，还让王阳明的高徒王畿为媒，让自家与王家结成了姻亲[②]。

　　湛甘泉、黄绾与王阳明的因缘极深。后来，湛甘泉作了王阳明的墓志铭[③]，而黄绾则写了王阳明的行状[④]。

　　正德五年（1510）的十二月，王阳明被任命为南京刑部四川清吏司主事。湛甘泉与黄绾担心王阳明远赴外地上任后，就无法在一起研讨学问了。于是他们说动了兵部尚书杨一清，于

----

　　①本名王正聪，嘉靖十一年（1532）黄绾成为他岳父时，在王阳明的灵前，为他改名为王正亿。

　　②黄绾让王畿做媒，将自己的女儿许配给了王正亿。由于当时王正亿与黄绾的女儿都还是小孩子，并未马上成婚。

　　③即《阳明先生墓志铭》。

　　④即《阳明先生行状》，收录在《王文成公全书》中。

翌年即正德六年（1511），让王阳明改任了吏部验封清吏司主事（主管官吏之任免、升降、封爵等）。王阳明时年四十岁。

5. 明镜论

这一年，王阳明在给黄绾、应原忠写信时，阐述了所谓的《明镜论》。在得知自己之前所提倡的"静坐悟入"因被人误解而陷入虚禅之后，他便阐述了能彻底去除缠蔽心体的"私意气习"[1]之修行实践的必要性。

王阳明对黄绾、应原忠说道：

> 圣学久不明，学者欲为圣人，必须廓清心体，使纤翳不留，真性始见，方有操持涵养之地。
>
> （《年谱》）

由于他们二人原本就对此怀有疑虑，故而王阳明又向他们阐述了"明镜论"。

---

[1]语出《答黄宗贤应原忠》，意为"私心、私欲"与"气质、习性"。

圣人之心，纤翳自无所容，自不消磨刮。若常人之心，如斑垢驳杂之镜，须痛加刮磨一番，尽去其驳蚀，然后纤尘即见，才拂便去，亦自不消费力。到此已是识得仁体矣。

（《王文成公全书》卷四《答黄宗贤应原忠》）

　　王阳明的"明镜论"与《六祖坛经》[1]中的"明镜论"恐怕也不无效仿之处吧。《六祖坛经》中刊载了五祖弘忍的高足神秀与六祖慧能的"明镜论"。

　　　　身是菩提树，心如明镜台。

　　　　时时勤拂拭，勿使惹尘埃。

（神秀）

　　　　菩提本无树，明镜亦非台。

　　　　本来无一物，何处惹尘埃！

（慧能）

---

　　①全称《六祖大师法宝坛经》，简称《坛经》，由禅宗六祖慧能口述，其弟子法海集录，是禅宗的主要经典之一。

由此可清晰地看出，神秀所主张的是所谓的"渐修说"，而慧能则提倡"顿悟说"。相较而言，王阳明的"明镜论"更接近于神秀。不过，虽说同为"明镜论"，王阳明却是从儒学的立场来加以阐述的，应该说，与禅宗的"明镜论"是有着本质的不同的。然而，王阳明的"明镜论"并非总是偏向于神秀，到了晚年，也偏向于慧能了。那是在他晚年提出"致良知"说以后的事了。当然，与慧能的"明镜论"也并不完全相同，或许应该说，要到王门弟子王畿的"良知现成派"出现之后，才真正变成了慧能式的"明镜论"吧。

6. 宣扬陆学

先前，我们曾提到席元山问王阳明有关朱陆同异时，王阳明并未正面回答，而是阐述了"知行合一"说。但这个问题也是无法一直回避的。因为，就在这一年，王舆庵[①]与徐成之[②]围

①根据作者所著《王阳明大传》，与徐成之有此争论的是王文辕。王文辕，字司舆，号黄舆子，生卒年不详，与王阳明为同时代人，又先于王阳明去世。"舆庵"或亦为其号。
②徐成之，名守诚，浙江余姚人氏，其他信息不详。

绕该问题展开了争论。

王舆庵以为:

"若晦庵之一于'道问学',则支离决裂,非复圣门诚意正心之学矣。"

徐成之则针锋相对地指出:

"若象山之一于'尊德性',则虚无寂灭,非复《大学》'格物致知'之学矣。"

于是,王阳明提出:

"是朱非陆,天下之论定久矣,久则难变也。虽微吾兄之争,舆庵亦岂能遽行其说呼?"

结果徐成之觉得王阳明"漫为两解之说以阴助于舆庵",对他表示了不满。

王阳明便写信给他,称:

"象山主'尊德性',却亦读书穷理,故其学并不空虚。晦庵主'道问学',却亦务'尊德性',其学何尝支离。……而吾兄之是晦庵、舆庵之是象山,亦皆未得其所以是也。"

又说:

"仆尝欲冒天下之讥,以为象山一暴其说,虽以此得罪,无恨。……顾晦庵之学,既已若日星之章明于天下,而象山独蒙无实之诬，于今且四百年，莫有为之一洗者。使晦庵有知，将亦不能一日安享于庙庑之间矣。

"此仆之至情，终亦必为吾兄一吐者，亦何肯'漫为两解之说以阴助于舆庵'？"（《王文成公全书》卷四）

很明显，当时的阳明学说不同于朱子学，而与陆子的心学颇有相通之处。不过在此时，尽管王阳明欲将陆学的地位提高到与朱子学同等的高度，却也并未对朱子学加以批评。

7. 门人的增加

王阳明成为吏部验封清吏司主事时的吏部长官是方叔贤（献夫），他在与王阳明探讨学问时发现王阳明的学问有其真知灼见，于是便忘了自己是他的上司，对其执弟子礼，做了王阳明的学生。

正德六年（1511）二月，王阳明出任会试同考官，即进士的考官，而这一科的进士及第者之中，就有日后成为其高足的邹守益。十月，王阳明晋升为文选清吏司员外郎。

8. 与湛甘泉告别

在京师与王阳明携起手来共同致力于圣学之复兴，且来往频繁、切磋学问的友人湛甘泉将奉命出使安南。为此，王阳明特意为他写了"送序"[1]。在此文中，王阳明写道：

> 某幼不问学，陷溺于邪僻者二十年，而始究心于老、释。赖天之灵，因有所觉，始乃沿周、程之说求之，而若有得焉。（中略）晚得友于甘泉湛子，而后吾之志益坚，毅然若不可遏，则予之资于甘泉多矣。甘泉之学，务求自得者也。
>
> （《王文成公全书》卷七》）

其中，王阳明所说的"赖天之灵，因有所觉"，以及"甘泉之学，务求自得者也"，或许应该引起我们的注意。王阳明晚年发现"良知"时，也说过"赖天之灵"的话，而"自得"则由孟子最早提出[2]，意为悟于自己的内心。

---

[1] 即《别湛甘泉序》。

[2] 见诸《孟子·离娄下》："君子深造之以道，欲其自得之也。自得之则居之安，居之安则资之深，资之深则取之左右逢其源。故君子欲其自得之也。"意为"自觉地获得"。

王阳明虽称湛甘泉的学问"务求自得"，或许我们也可理解为他是在说自己的学问吧。如此，我们便知阳明之学还与孟子有着密切的关系。

9. 对徐爱阐述"新大学说"

正德七年（1512）三月，王阳明被任命为考功清吏司郎中，时年四十一岁。此时，王阳明的女婿徐爱和黄绾等都在他门下用功勤读。是年十二月，王阳明晋升为南京太仆寺少卿，其衙门在靠近南京对岸的安徽滁州。

赴任途中，王阳明回了一趟老家。恰好徐爱也被任命为南京工部员外郎，于是王阳明便与这位爱徒同舟前往故乡。在船上，王阳明对徐爱阐述了其"新大学说"。

由于王阳明对《大学》中"亲民""至善"，尤其是"格物"的解释，与朱子学说大异其趣，故而徐爱闻之大惊。然而，尽管理解起来十分艰难，可当他最终领悟后，却不禁欣喜若狂。于是，他以便于自己学习为由，将王阳明所传授的内容记录了下来，并为之取名为《传习录》。

朱子将《大学》分为"经"一章、"传"十章，并对

"传"作了补充，这叫作"新本"。对此，王阳明认为《大学》还是《礼记》中的原有部分，也即"旧本"是正确的，而朱子的"新本"反倒有误。

而朱子认为《大学》中的"亲民"之"亲"要改作"新"，故《大学》以革新民心为政治之要道。

而与此相对应的是，王阳明却阐述道：

> "亲民"二字不须改。其本意即在于亲近民众并教化之。《大学》所谓"至善"，即在人心中。"格物"之"物"为意之所向，故为心内之物。物理即为心内之理。"格物"之"格"训为"正"义。……但意念所在，即要去其不正，以全其正。即无时无处不是存天理，即是穷理。天理即是明德。穷理即是明明德。
>
> （参照《传习录》上》）

由于王阳明这种唯心主义的格物论显示了其独特的心学立场，故而可以说他将陆子的心学又往前推进了一步。

10. 赠了庵桂悟以《送序》

正德八年（1513），回到了家乡的王阳明带着爱徒畅游故乡的山山水水。在游山玩水的过程中，他也在教导着门人弟子。其实，随时随地教化门人，正是王阳明的拿手好戏。

五月里，他见了住在鄞江①边嘉宾堂里的日本了庵和尚②，并赠了归国之序。

了庵桂悟乃京都真如寺大疑宝信禅师之法嗣。他先为伊势安养寺住持，后为京都东福寺住持，并主持宫中法事。因后土御门天皇赐予宸翰，了庵便奉敕出使大明。归国后，住持南禅寺，永正十一年（1514）圆寂，享年九十岁。

了庵桂悟于日本永正三年（明朝正德元年，1506）受命出使明朝，时年八十三岁。当时，渡海十分艰难，至正德六年（1511）九月，已经八十七岁的了庵桂悟才终于到达浙江宁波。翌年，他前往南京，受武宗之诏，任明州阿育王山（位于

---

①当时在此处设有专门的办事衙门，日本使臣都在此登陆。

②了庵桂悟（1425—1514），日本室町时代临济宗圣一派高僧。日本永正二年（1505），遣明使一行因内部纠纷在宁波府发生街战，为修睦邦交，后土御门天皇命已八十一岁高龄的了庵桂悟为正使出使明朝。在明期间，其与王守仁、卢希玉等交往颇深。

宁波鄞州区）广利寺方丈。每次上堂，都有许多僧侣以及世俗之人慕其德风前来拜谒。

正德八年（1513），了庵桂悟决定解绶归国，当时包括王阳明在内众多与之交往的公卿、缙绅都赠送序盛赞其美德。

第七章

滁州、南京时代的讲学

1. 在滁州时的教化

王阳明赴任滁州，是在正德八年（1513）十月，他四十二岁时。他担任的太仆寺少卿是个闲职。因此，在此期间，他常携门人弟子同游此间的山山水水。

滁州地处扬子江与淮河之间，是有名的风景名胜之地，历代文人墨客——如唐代的韦应物、宋代的欧阳修和曾巩都曾在此地宴游，也都留下了吟咏山水胜景的诗文。

一天，王阳明与弟子们夜游龙潭，数百人围坐在一起，歌咏之声响彻山谷。王阳明当场作诗一首：

龙潭夜坐

何处花香入夜清？石林茅屋隔溪声。

幽人月出每孤往，栖鸟山空时一鸣。

草露不辞芒屦湿，松风偏与葛衣轻。

临流欲写猗兰意，江北江南无限情。

〔注〕猗兰是兰之一种，为君子之象征。传说孔子当年怀才不遇，曾作《猗兰操》以抒胸中悲愤之意。

滞留滁州期间，故交旧友纷纷来访，追随王阳明问学的人也越来越多。

2. 阐述实地修行之必要

正德九年（1514）四月，王阳明四十三岁时，被任命为南京鸿胪寺卿（负责接待宾客之官厅的长官）。滁州的友人们与他依依惜别，一直送到了乌衣①。

到达南京时已是五月，徐爱、薛侃、陆澄、季本等门人弟子聚集在王阳明的身边，日夜钻研学问。

这时，有来客称：

"滁州来的门人们时常放言高论，多有违先生之教者。"

王阳明便说：

> 吾年来欲惩末俗之卑污，引接学者多就高明一路，以救时弊。今见学者渐有流入空虚，为脱落新奇之论，吾已悔之矣。故南畿论学，只教学者"存天理，去人欲"为省察克治

_____

①今安徽省滁州市南谯区的乌衣镇，南与南京的浦口区隔滁河相望。

实功。

（《年谱》）

其实，王阳明在来南京的前一年，就已对弟子们强调实地修行的必要性了。例如，在写给王纯甫[1]的信中，他就说道：

> 纯甫平日徒知存心之说，而未尝实加克治之功，故未能动静合一，而遇事辄有纷扰之患。

（《王文成公全书》卷四）

在给蔡希渊[2]的信中，他说道：

> 患难忧苦，莫非实学（实地修行之场）。

（《王文成公全书》卷四）

在《传习录》中，也有如下的问答：

---

[1]王纯甫（1487—1547），名道，字纯甫，号顺渠，初学王阳明，后师湛甘泉。

[2]蔡希渊：蔡宗兖，生卒年不详，字希渊，曾任白鹿洞书院洞主，官至四川提学佥事。

（陆澄）问：静时亦觉意思好。才遇事，便不同。如何？

（阳明）先生曰：是徒知养静，而不用克己功夫也。如此临事便要倾倒。人须在事上磨，方立得住，方能静亦定，动亦定。

（《传习录》上）

（阳明）先生曰：人须在事上磨炼做功夫乃有益；若只好静，遇事便乱，终无长进。那静时功夫亦差似收敛，而实放溺也。

（《传习录》下）

所谓"在事上磨炼做功夫"，即"事上磨炼"。如此强调"实地之修行"的王阳明，日后再推出重视"诚意修行"的"立诚说"，也可谓理所当然的了。

再者，王阳明在给黄绾的信中又如此说道：

仆近时与朋友论学，惟说"立诚"二字。杀人须就咽喉上着刀，吾人为学当从心髓入微处用力，自然笃实光辉。虽

092

私欲之萌，真是洪炉点雪，天下之大本立矣。若就标末妆缀比拟，凡平日所谓学问思辨者，适足以为长傲遂非之资，自以为进于高明光大，而不知陷于狠戾险嫉，亦诚可哀也已！

（《王文成公全书》卷四）

而真正做到王阳明所谓"以诚意修行为学问之宗旨"的，则是明末的刘念台①。

3. 告诫喜好神仙佛道的门人

此时的王阳明，曾对好论神仙佛道的弟子王嘉秀、萧惠如此说道：

> 吾幼时求圣学不得，亦尝笃志二氏。其后居夷（龙场）三载，始见圣人端绪，悔错用功二十年。二氏之学，其妙与圣人只有毫厘之间，故不易辨，惟笃志圣学者始能究析其隐

---

①刘念台：刘宗周（1578—1645），字起东，别号念台，因讲学于山阴蕺山，世称蕺山先生。学宗王阳明，提倡"诚敬"为主，"慎独"为功，人称"千秋正学"。黄宗羲、陈确、张履祥、陈洪绶、祁彪佳等著名学者与气节之士均出其门下，世称"蕺山学派"。

微，非测亿所及也。

（《王文成公全书》卷三十二《年谱》）

4. 谏武宗迎佛

正德十年（1515）八月，宦官刘允为迎西藏活佛高僧向武宗申请了大量金银财宝以充路费，武宗竟然允准了。虽有辅臣杨廷和等大臣极力劝谏，但未被武宗采纳。

当时，正是灾害频发，盗贼日盛，天下百姓困苦已极之际。见此情形，王阳明也上奏章力谏武宗中止此事[1]，该文载于《王文成公全书》卷九。读此文可知，王阳明并未不分青红皂白地将佛教斥为异端。他虽将其定为夷狄之学，却也认可了其部分学说。只是强调中国自有圣人之学，故而不可有赖于此。

唐代的韩愈也上过同样的奏章，但他是将佛教当作夷狄之教而极力加以排斥的。王阳明则指出，"只要研修圣人之学，

---

[1]事实上王阳明写下《谏迎佛疏》后，并未马上上奏。后来因活佛拒见刘允一行，且不久之后武宗驾崩，"迎佛"一事也就不了了之了。此事在作者所著《王阳明大传》中有详细介绍。

就自然明白与异端的区别了"。可见王阳明之"异端论"的特色就在于，以学习圣学为媒介，使其自己发觉异端。

这一点与一味地认定佛教为异端，不分青红皂白地加以排斥的宋儒的态度是稍异其趣的。也即王阳明的陈述方式并不是侃侃谔谔、无所忌惮的那种，而是委婉曲折、循循善诱的。

王阳明在奏章中陈述道：

> 陛下好佛之心诚至，则臣请毋好其名而务得其实，毋好其末而务求其本。陛下诚欲得其实而求其本，则请毋求诸佛而求诸圣人，毋求诸外夷而求诸中国。此又非臣之苟为游说之谈以诳陛，……在彼夷狄，则可用佛氏之教以化导愚顽；在我中国，自当用圣人之道以参赞化育，犹行陆者必用车马，渡海者必以舟航。今居中国而师佛教，是犹以车马渡海，（中略）夫车马本致远之具，岂不利器乎？然而用非其地，则技无所施。陛下若谓佛氏之道虽不可以平治天下，或亦可以脱离一身之生死；虽不可以参赞化育，而时亦可以导群品之嚚顽；就此二说，亦复不过得吾圣人之余绪。
>
> （《王文成公全书》卷九）

5. 编纂《朱子晚年定论》

王阳明自龙场大悟以来，一直讲授其独创的心学，以此来教导门人弟子。然而，他的学说与朱子的学说多有不合，后来他便著了《朱子晚年定论》一书，以此表明自己的学说在本质上与朱子学说是殊途同归的。根据该书的序言可知，他所要表达的是：

"书中所述为朱子之定论，而之前所述为未定之论。朱子晚年之定论与我的学说相一致。"

然而，王阳明在该书中列举的朱子晚年的书信中，居然也有其早年的书信，结果受到朱子学者的大举攻击，从而陷入四面楚歌的境地。

同年，王阳明初会明代中期朱子学之代表人物罗整庵（名钦顺，整庵为其号），整庵也指出了这一点，在严厉批判《朱子晚年定论》的同时，还从朱子学的立场痛批了王阳明的心学，两者之间展开了激烈的论战。

那么，王阳明到底为什么要编纂《朱子晚年定论》呢？

由于王阳明倡导的新学说似乎在批评朱子学，故而受到了朱子学者的猛烈攻击，于是他便编纂此书，欲以此来挡住攻击的矛头。至于他又为何要采取如此态度，则恐怕是当时的王阳明存了乡愿（希望被周围人所接受）之心，即所谓曲学阿世之心的缘故吧。关于此事，日后他自己也坦白了。

四十八岁时，王阳明在写给安之的信（《王文成公全书》卷四）中，叙述如下：

> 留都（南京）时偶因饶舌，遂致多口，攻之者环四面。取朱子晚年悔悟之说，集为定论，聊借以解纷耳。门人辈近刻之雩都，初闻甚不喜；然士夫见之，乃往往遂有开发者，无意中得此一助，亦颇省颊舌之劳。

由此可清楚地看出当时的王阳明欲用《朱子晚年定论》来为自己辩护的用心。然而，四十九岁以后，他便以"致良知"为自己学说之宗旨，划清了阳明心学与朱子学之间的界线，便能充满自信地批评朱子学，在其对于朱子学的态度中，就再也没有之前那种模棱两可的成分了。因此，在五十二岁时，他便对邹守益等门人说道：

吾自南京已前，尚有乡愿意思。在今只信良知真是真非处，更无挃（同"掩"）藏回护，才做得狂者。

（《年谱》）

第八章

讨伐诸匪与讲学

1. 王晋溪起用王阳明

正德十一年（1516）九月，王阳明四十五岁时升任都察院左佥都御史，受命担任南（安）、赣（州）、汀（州）、漳（州）地区的巡抚。

都察院左佥都御史为都察院副都御史之下的事务官，而都察院则是中央的监察机关，监察各级机构行政之得失、官吏之正邪。由于左佥都御史并非军职，故而王阳明又被任命为巡抚之职。所谓"巡抚"，就是巡视地方，慰抚军民的官员。

为什么王阳明会被任命为南、赣、汀、漳地区的巡抚呢？原来南、赣地区早在五十多年前就已经成了土匪的老巢了。正德六年（1511），右都御史陈金、巡抚都御史周南曾对该地区加以讨伐，但由于采取了时抚时剿的姑息手段，难以取得成效。而那时从广东、广西调来的蛮兵——狼达土军虽然勇武，但也会乘机劫掠，反倒加重了百姓的苦难。再者，这些盗贼暗中又得到了企图谋反的宁王朱宸濠的资助。也正因为情势如此错综复杂，故而导致陈金等人无从下手、一事无成。

时任兵部尚书的王晋溪（琼）见陈金等人剿匪失败，且早就看破了宁王朱宸濠的野心，故而起用王阳明为巡抚，一方面命他平定诸匪，另一方面令他防备宁王造反。王晋溪身为社稷大臣，平日里与王阳明相交甚厚。《王文成公全书》卷二十八中载有王阳明写给他的书信十二封，两人之间的亲密关系，由此也可窥一斑。因此，王晋溪此次起用王阳明，可谓深谋远虑。

2. 王阳明的作战方略

一、自陈金以来皆用合三省兵力夹击贼匪之法，然毫无成效，不如将诸贼匪分割切断，逐个剿灭。

二、从来依赖狼达之兵征讨贼匪，但此法耗费巨大且毫无成效。且狼兵暴虐，若用民兵加以阻止，又必致上下交怨。

三、从来匪患一旦平定便不作善后措施，导致日后暴乱再起。故一旦平定匪患，须即刻实施善后之策，以防暴乱再起。

3. 慑服万安之流寇

正德十二年（1517）正月，王阳明前往赣州，时年四十六岁。途中，在江西万安（吉安府）遇见数百流寇正在敲诈商船。王阳明当即聚集了数十条商船，装作官军战船的模样，摆开阵势，直逼过去。流寇惊恐万状，纷纷求饶。王阳明用的乃是"先威后抚"的策略。

4. 巧用反间计

当时，赣州的百姓多被匪徒收买，成了盘踞山林的土匪的耳目。他们会将官府的一举一动都通报给土匪，故而往往是官军尚未采取行动，土匪已对其军事部署了如指掌。

王阳明上任后，得知营中有一位十分狡诈的老仆，便将他招至寝室，开门见山地对他说道：

"有人告发你私通匪徒，按律当斩。不过，要是你能改过自新，并将通匪之人的姓名统统告诉本府，本府便可饶你一条性命。"

随后，那老仆便吐露了实情，让王阳明掌握了所有通匪之人的动向，并做出了恰当的处置。如此，王阳明便做到了不杀敌方的间谍，反倒成功地加以利用。由此可知，他是十分擅长《孙子兵法》中所谓"用间（利用间谍）"之术的。

5. "十家牌法"的实施与民兵的训练

为了区别良民与匪徒，王阳明实施了"十家牌法"，即将十户人家的信息汇总于一"牌"，将每户人家中个人的籍贯、姓名、年龄、容貌、职业罗列其上。每天轮流由一户负责，持该"牌"巡回检查各家动态，发现可疑之人必须立刻报告官府。若有哪家藏匿可疑之人，则十家一同治罪。

发布该法令时，王阳明还特地告谕[1]地方父老子弟，要重人伦、守家业、改良风俗。

如前所述，依靠狼兵剿匪会附带诸多弊害，故而王阳明下令各府、州、县皆要选拔悍勇之士并加以训练，将其培养成可破阵克敌之军，甚至选拔武艺出众、通晓兵法之人为将军。

6. 平定漳州匪患

王阳明于正德十二年（1517）正月十六日到达任地后，仅仅过了十天，就决定进兵讨伐了。但由于使用的是未经过重新

---

①即《十家牌法告谕各府父老子弟》。

训练的老军队，结果导致己方的主将战死，士气大挫。

于是诸将纷纷提出必须调来狼达之兵，待到秋天再行攻伐，但遭到了王阳明的斥责，命令他们将功补过，并说：

> 兵宜随时，变在呼吸，岂宜各持成说（固定的思路）耶？

> （《年谱》）

在强调兵贵神速的同时，王阳明亲自率领各路锐卒进驻福建上杭，且佯装秋后进剿之姿态，暗中又命人悄悄打探土匪虚实，最后于二月二十九日，乘着黑夜，打了土匪一个措手不及，居然接二连三地捣毁了匪巢。不到一个月，就肃清了近五十处匪患。如此这般，王阳明以迅雷不及掩耳之势，一举扫荡了已为害数十年的匪贼，于四月份凯旋。而在五月里，他又进行了有关兵制军纪的改革。

作为剿匪之善后事宜，王阳明在漳州设置了平和县，以防再生匪患。

7. 抚谕诸贼

是年九月，王阳明改授提督南、赣、汀、漳等地军务，且被授予象征军权的旗牌。这是王阳明于五月份向朝廷申请的。由此，他取得了一元化的命令权，得以随机应变、便宜行事。这对于日后镇压宁王叛乱，也发挥了巨大作用。

南、赣的西边与湖南的桂阳相接，那里盘踞着桶冈、横水诸贼；南边是广东的乐昌，东边与广东的龙川相接，那里的浰头山为土匪聚集之巢穴。王阳明给浰头之匪送去了牛、酒、银、布，并发出了如下告谕：

> 夫人情之所共耻者，莫过于身被盗贼之名；人心之所共愤者，莫甚于身遭劫掠之苦。今使有人骂尔等为盗，尔必怫然而怒。尔等岂可心恶其名而身蹈其实？又使有人焚尔室庐，劫尔财货，掠尔妻女，尔必怀恨切骨，宁死必报。尔等以是加人，人其有不怨者乎？人同此心，尔宁独不知？乃必欲为此，其间想亦有不得已者，或是为官府所迫，或是为大户所侵，一时错起念头，误入其中，后遂不敢出。此等苦情，亦甚可悯。然亦皆由尔等悔悟不切。

尔等当初去从贼时，乃是生人寻死路，尚且要去便去。今欲改行从善，乃是死人求生路，乃反不敢，何也？若尔等肯如当初去从贼时，拼死出来，求要改行从善，我官府岂有必要杀汝之理？尔等久习恶毒，忍于杀人，心多猜疑。岂知我上人之心，无故杀一鸡犬，尚且不忍；况于人命关天，若轻易杀之，冥冥之中，断有还报，殃祸及于子孙，何苦而必欲为此。我每为尔等思念及此，辄至于终夜不能安寝，亦无非欲为尔等寻一生路。惟是尔等冥顽不化，然后不得已而兴兵，此则非我杀之，乃天杀之也。今谓我全无杀尔之心，亦是诳尔；若谓我必欲杀尔，又非吾之本心。尔等今虽从恶，其始同是朝廷赤子。譬如一父母同生十子，八人为善，二人背逆，要害八人；父母之心须除去二人，然后八人得以安生。均之为子，父母之心何故必欲偏杀二子，不得已也；吾于尔等，亦正如此。若此二子者一旦悔恶迁善，号泣投诚，为父母者亦必哀悯而收之。何者？不忍杀其子者，乃父母之本心也。今得遂其本心，何喜何幸如之；吾于尔等，亦正如此。（中略）若能听吾言改行从善，吾即视尔为良民，抚尔如赤子，更不追咎尔等既往之罪。（中略）尔等若习性已成，难更改动，亦由尔等任意为之。吾南调两广之狼达，西调湖、湘之士兵，亲率大军围尔巢穴，一年不尽至于两年，两年不尽至于三年。尔之财力有限，吾之兵粮无穷，纵尔等皆为有翼之虎，谅亦不能逃于天地之外矣。

......

呜呼！民吾同胞，尔等皆吾赤子，吾终不能抚恤尔等而至于杀尔，痛哉痛哉！兴言至此，不觉泪下。

（请参照《王文成公全书》卷十六《告谕浰头巢贼》

以及《年谱》）

王阳明之所以要如此告谕浰头之匪，其实出于征讨桶冈、横水匪巢时，受其乘隙攻击之担心，故而采取了孤立诸匪的策略。

王阳明的这篇告谕文可谓一篇声泪俱下之名文，充满了仁人君子对无辜之人的哀怜与殷殷关切之情。而"不教而杀非仁义之道"，也正是王阳明所采取的态度。

事实上，见到告谕文后，也确实有土匪头目感激涕零，并率众来降，并声称愿以死相报。讨伐之前先告谕之，是王阳明的惯用手法，这也正是他基于王道仁义之兵法，而非一味地运用权谋巧计之战术。

十月里，王阳明便平定了桶冈、横水诸匪。当时也是先分割了各匪巢后，予以逐个击破的。同时，也将归顺了的浰头盗匪加入了讨伐军之中。

8. 破山中贼易，破心中贼难

正德十三年（1518）正月，四十七岁时，王阳明带兵前往位于江西、广东边境的三浰剿匪。

当时他写给薛侃的信中有如下内容：

　　即日已抵龙南，明日入巢，四路兵皆已如期并进，贼有必破之势。某向在横水，尝寄书仕德①云："破山中贼易，破心中贼难。"区区剪除鼠窃，何足为异？若诸贤扫荡心腹之寇，以收廓清平定之功，此诚大丈夫不世之伟绩。

　　　　　　　　　　　　　　　（《王文成公全书》卷四）

王阳明信中所言"心腹之寇"非指别事，乃人的私利私

---

①即王阳明的学生杨仕德。

欲。想必他也痛感到要将其彻底扫除干净绝非易事吧。之前，王阳明就倡导"存天理去私欲""省身克己"的实地修行，此时更是强调了克服私欲之艰难，甚至不惜将其说成是"大丈夫不世之伟绩"。由此可见，王阳明至此已痛感到为此非要发一大勇猛心不可了。

这样的修行方式尽管宋儒也讲，但到了以心学为宗的王阳明这里就更为重视，甚至将其当作了学问的"大头脑"，即主心骨了。但不可忘记的是，王阳明在这方面的修行也与宋儒迥然不同，是一种基于悟性的修行。

如前所述，王阳明在进兵横水时，因担心浰头的匪徒乘隙来攻而对其发布了告谕，并且十分有效地令不少盗匪头目前来归顺。但是，浰头盗匪之魁首池仲容却不相信王阳明的告谕。在王阳明征服了横水之后又转战桶冈之时，池仲容便越发恐慌，且拼命备战起来。此时，王阳明用计谋让其他匪徒假意投奔池仲容，并让他们劝池仲容投降。与此同时，他又让自己手下的兵卒还乡种田，尽量解除池仲容对自己的猜疑心。经过这一番努力，池仲容终于带领手下来到了赣州。

王阳明盛情款待了他们。另一方面，他又下令进兵剿匪，并一举擒获了池仲容。在此之后，他又肃清了浰头地区的残匪。

因剿匪有功，王阳明被晋升为都察院右副都御史，荫子锦衣卫，世袭百户。王阳明上表欲辞退这一切，但未被允许。

9. 致力于儿童教育与乡民的教化

王阳明于是年四月撤回了剿匪之军，但考虑到南、赣地区的风俗不佳，便告谕各县父老子弟，要兴办社学①致力于教育。这时，他给教师刘伯颂等人写下了《训蒙大意》②（《传习录》中）。由此，我们不仅可以十分清楚地看出王阳明的儿童教育宗旨，还能推测出朱子与王阳明在子弟教化上的不同。

在此，将王阳明的《训蒙大意》之大概转述如下：

大抵童子之情，乐嬉游而惮拘检，如草木之始萌芽，舒畅之则条达，摧挠之则衰萎。今教童子，必使其趋向鼓舞，中心喜悦，则其进自不能已。譬之时雨春风，霑被卉木，莫

①元、明、清三代的地方小学。明承元制，各府、州、县皆立社学，以教化为主要任务，教育15岁以下的幼童。教育内容包括御制大诰、本朝律令及冠、婚、丧、祭等礼节，以及经史历算之类。
②全称为《训蒙大意示教读刘伯颂等》。

不萌动发越，自然日长月化；若冰霜剥落，则生意萧索，日就枯槁矣。故凡诱之歌诗者，非但发其志意而已，亦所以泄其跳号呼啸于咏歌，宣其幽抑结滞于音节也。导之习礼者，非但肃其威仪而已，亦所以周旋揖让而动荡其血脉，拜起屈伸而固束其筋骸也。讽之读书者，非但开其知觉而已，亦所以沉潜反复而存其心，抑扬讽诵以宣其志也。凡此皆所以顺导其志意，调理其性情，潜消其鄙吝，默化其粗顽，日使之渐于礼义而不苦其难，入于中和而不知其故。是盖先王立教之微意也。

若近世之训蒙稚者，日惟督以句读课仿，责其检束而不知导之以礼，求其聪明而不知养之以善，鞭挞绳缚，若待拘囚。彼视学舍如图狱而不肯入，视师长如寇仇而不欲见，窥避掩覆以遂其嬉游，设诈饰诡以肆其顽鄙。偷薄庸劣，日趋下流。是盖驱之于恶而求其为善也，何可得乎？

由此可见，王阳明认为儿童教育必须在充分理解儿童性情的基础上循循善诱，反对只要求服从的、强制性的教育方式。

王阳明这种理情一致的立场，不仅在儿童教育上，在他教导弟子时、告谕贼寇时、训诫百姓时，甚至在上奏皇帝时也都清晰可见。这是能与朱子的理智主义立场形成鲜明对照的。或可谓两者在哲学思想上的不同，在这种地方也有着明确体现吧。

是年十月，王阳明制定了乡约（《王文成公全书》卷十六《告谕父老子弟》）。王阳明认为，虽说诸贼业已平定，但日后的长治久安更为重要，而将百姓推入匪乱的原因之一，就是为政者在政策与教化上并无定见。故而要制定让同乡百姓彼此遵守的规约，以防匪患再起。在乡约中，王阳明指出，匪患的出现，官员的施政失败、教化无方难辞其咎。这方面也充分体现了以心学为宗的王阳明的真面貌。

10. 刊行古本《大学》

是年七月，王阳明刊行了古本《大学》。王阳明在出入匪地、戎马倥偬之时，自然是无暇讲学的，即便如此，以薛侃为首的二十位门人弟子，依旧聚集在一起，钻研学问。

凯旋之后，为了向门人弟子阐明《大学》之道，便明确了圣学的入门方针。自"龙场悟道"以来，王阳明就对朱子《大学》新本（《大学章句》）产生了怀疑，觉得这是有违圣人本意的。于是他便亲手抄录了《大学》古本，将圣人之学汇集于这一篇之中，并认为，《大学》也并非像朱子所说的那样分为"经"和"传"两个部分，而是"格致本于诚意，原无缺传可补"。（《年谱》）

关于王阳明的古本《大学》，虽说之前也有所涉及，但在此，我们仍可将其要点归纳如下：

一、排斥朱子的新本，恢复旧本（《礼记》中所载部分之原貌）。

二、朱子将"亲民"之"亲"训为"新"义，将"亲民"释为"教化民众"，即去除旧习，使之一新之义。而古本《大学》则释"亲民"为"亲近民众"，加以教养之义，即以温情主义为宗旨，排斥了朱子的严格主义。

三、关于"格物"，则排斥了朱子"穷极物理"之理性主义的解释，主张纠正自己的内心，强调去欲存理之修行的必要性。

四、关于"致知"，相对于朱子的理性主义解释，王阳明提出了"致良知"的主张，并认为《大学》所有的修行功夫尽在于此。

王阳明为古本《大学》所作的序曾三易其稿，而最后则以

"悟致知（致良知）焉，尽矣"结尾。然而，他又在序的一开头说，"《大学》之要，诚意而已矣"，这恐怕是考虑到以"诚意"为根本，《大学》之道便可得其血脉而不至于支离破碎的缘故吧。结尾的"悟致知焉，尽矣"，正如后文所述，那是王阳明在晚年悟出"致良知"为学问之根本、学问之头脑的缘故。不过，由于王阳明所述"良知"极为至诚恻怛，是触及人们内心之痛苦、烦恼的，故而是以现实中的人伦情感为具体内容的。

总之，古本《大学》的刊行，表明了其从正面批判朱子学的态度。此时的王阳明已对自己的学说有了坚定的自信。而在不久之后，也即将"致良知"树立为其学问宗旨之后，这种自信就越发坚如磐石了。

如前所述，同年七月，他还刊行了《朱子晚年定论》。

11. 刊行《传习录》

是年，有着王门颜回之称、王阳明最心爱的弟子徐爱，年纪轻轻就去世了，年仅三十一岁。王阳明悲叹之沉痛，亦可想而知。

是年八月，门人薛侃汇集了徐爱、陆澄以及他自己记录的王阳明的语录，以《传习录》为名在虔州予以刊行。这便是现行之《传习录》上。至于"传习"，如前所述，就是徐爱给他自己的笔记所取的名称。

　　由于诸匪皆已剿灭，地方复归安宁，故而王阳明终于可将精力用于讲学上了。因此，从四面八方前来求学的人也越来越多。为此，王阳明命人修复了濂溪书院，将他们收留其中。

第九章

宸濠之乱与王阳明受难

1. 王晋溪之远谋

正德十四年（1519），王阳明四十八岁那年的正月，他向兵部尚书王晋溪提出了辞职归乡的请求："南赣诸匪业已平定，而祖母岑氏危在旦夕，故欲辞职归乡，乞请允准。"结果非但未获"允准"，反倒被派往福州去镇压叛军①了。

王阳明便于六月九日溯赣江北上，十五日，来到了江西丰城附近②。就在此时，他从丰城知县处获悉了宁王宸濠谋叛的消息。其实，王晋溪命王阳明前往福州平叛，就是因为他早就察知宁王必反，且希望王阳明能在此危急关头发挥作用。

在此之前，江西按察副使胡世宁因激愤于宸濠之横行不法，早在正德九年（1514）便上奏朝廷揭发其不臣行径，结果却反遭宸濠一党陷害，被投入了大牢。由此可见，王晋溪应该是早在四年前就料到宁王会造反了。

六月十三日是宸濠的生日，而他在第二天便起兵造反了。当天，宸濠站在露台上，当众宣称：

"本王奉太后密旨举兵，意在执掌国政。此乃顺应大义

①正德十三年（1518），福州卫所驻军因被长期拖欠粮饷而爆发叛乱。
②实为距宁王所盘踞的南昌府仅一百二十里之黄土脑。

之举。"

都御史孙燧反驳道：

"天无二日，民无二王。此乃大义。"

结果惨遭宁王杀害。

胡世宁与孙燧，正如前文所述，是弘治五年（1492）在浙江乡试中与王阳明同科中举的。

2. 宸濠的野心

江西南昌府宗藩的初代宁王为明太祖的第十七子朱权，因最初被封在大宁（内蒙古宁城），故称宁王[①]。后来，太祖的第四子燕王发动靖难之役，这便是成祖永乐帝。由于朱权在朱棣"靖难"时出过力，故而日后在成祖面前也时常肆意妄为。后来，尽管帝位由成祖的子孙传承了下去，但由于有过这一段经历，故而历代亲藩都不无觊觎帝位的倾向。

朱宸濠是朱权的四世孙。虽说宁藩在南方向来为所欲为，而到了宸濠这一代更是变本加厉、奸邪有加。尽管宸濠善诗

---

①永乐元年（1403）朱权被转封至江西南昌府。

歌①、通史实，却为人轻佻浮浪，继承了王位之后更是变得桀骜不驯起来了。后来又因道士李自然那句"殿下有贵为天子之骨相"的谗言而萌生了篡夺帝位的野心。于是他便勾结朝臣，笼络名士，蓄养兵卒，整修城池，聚敛财富，积极图谋起事。恰好武宗并无子嗣，他便企图将自己的第二子立为皇位后嗣。

由于坊间早就有了宸濠将谋反的传闻，故而王阳明借向他送贺礼的机会，派门人冀元亨前去拜贺，以便暗中打探其动静。②冀元亨是王阳明十分信任的弟子，甚至让他做了自己长子正宪的老师。自不待言，冀元亨对于王阳明是忠心耿耿的。

宸濠的专横也惊动了朝廷，六月上旬，朝廷决定遣使对其质询。获此消息后，宸濠终于决定起兵了。

倘若王阳明早一点来到丰城，恐怕他也会参加宸濠的生日宴会吧。果真如此，事态便难以逆料，兴许他也会遭受与孙燧相同的命运亦未可知。

---

①一说"善歌舞"。

②此处作者表述有误。根据作者所著《王阳明大传》及其他参考资料，冀元亨是因为宁王朱宸濠来信向王阳明请教问题，王阳明才派他去宁王府的。打探宁王有无谋反企图，自然也是其用意之一。冀元亨也曾利用讲学劝谏宁王恪守为臣之本分，宁王不听，便打发他回去了。回到王阳明身边后，冀元亨果然向老师汇报了宁王企图谋反的种种迹象。

3. 生擒宸濠

在丰城获悉宸濠起兵谋反的王阳明立刻乘船返回吉安。宸濠考虑到王阳明前往福州必定经由赣江，故事先在沿岸安排了伏兵。

王阳明要返回吉安时，天上正刮着南风，以至于他的船无法南下。身陷绝地的王阳明便焚香告天，祈求北风。或许真是他的一片赤诚感动了上天，很快，南风就变成了北风，王阳明也就脱出困境，平安无事地到达了吉安。到达吉安那天，为六月十八日。

第二天，王阳明便将宁王造反之事上奏朝廷①（《王文成公全书》卷十二），并飞檄各地，积极招募义军。

七月二日，他在写给父亲龙山公的书信中说道：

> 天苟悯男一念血诚，得全首领，归拜膝下，当必有日矣。

> （《王文成公全书》卷二十六《上海日翁书》）

---

①即《飞报宁王谋反疏》和《再报谋反疏》。

由此可知，王阳明有多么忠诚和自信。

宸濠见王阳明并不急着进攻南昌，便于七月二日亲率数万大军沿长江东进，并围住了安庆城。然而，王阳明无意解救安庆，却制订了一举攻陷敌人的根据地——南昌的作战计划。

七月十三日，王阳明的军队从吉安出发，直奔南昌。得此消息后，宸濠自解安庆之围，立刻回兵南昌。然而南昌业已陷落。宸濠便在鄱阳湖与王阳明的军队展开决战。结果宸濠的叛军大败，宸濠本人也于南岸的樵舍被擒。时为七月二十六日。

翌日，王阳明进入南昌城，三十日，上奏朝廷[1]，报告已生擒宁王朱宸濠。

4. 武宗亲征

先前，宁王谋反的奏报上达朝廷之时，兵部尚书王晋溪便决定派张忠、许泰为总督，率大军赶赴江西平叛。旋即又接到了宸濠已被王阳明擒获的奏报，张忠、许泰等人嫉妒王阳明

---

[1] 即《江西捷音疏》和《擒获宸濠捷音疏》。

之勋功，便秘密上疏武宗，唆使他御驾亲征，顺便一览江南风光。对此，朝廷大臣纷纷劝谏，但武宗充耳不闻。

八月十六日，武宗从京师出发。十七日，王阳明为阻止武宗亲征而上疏[①]，其理由如下：

> （宁王）发谋之始，逆料大驾必将亲征，先于沿途伏有奸党，期为博浪、荆轲之谋。今逆不旋踵，遂已成擒。法宜解赴阙门（朝廷），式昭天讨。然欲付之部下各官，诚恐潜布之徒乘隙窃发；或虞意外，臣死有余憾矣。况平贼献俘，固国家之常典，亦臣子之职分。臣谨于九月十一日亲自量带官军，将宸濠并逆贼情重犯人解赴阙外，缘系献俘馘，以昭圣武事理。
>
> （《年谱》）

九月十一日，王阳明从南昌出发，二十六日，到达广信。然而，张忠、许泰等人考虑到倘若让王阳明献俘成功，他们也就无功可获了，于是擅自派出敕使，命王阳明将宸濠放入鄱阳

---

①即《请止亲征疏》。

湖，然后让武宗亲自将其擒获。对此，王阳明自然不会听从。因为他知道，一旦将宸濠放回鄱阳湖，恐将造成天下大乱。结果惹得张忠、许泰大怒，并向武宗进谗言，说：

"王阳明曾遣门人冀元亨前往宸濠处，可见他早就私通宸濠了。"

然而，亲征军的参谋张永素知王阳明的道德、学问，极力为他洗濯冤屈。

王阳明为了避免在广信府①遇到张忠、许泰，便走小路通过玉山②来到草萍驿。这时，他听说武宗的亲征大军已到了徐、淮一带③，便在草萍驿墙上题诗两首（《王文成公全书》卷二十）后就匆匆上路了。其中一首如下：

书草萍驿

一战功成未足奇，亲征消息尚堪危。

边烽西北方传警，民力东南已尽疲。

万里秋风嘶甲马，千山斜日度旌旗。

---

①张忠、许泰命王阳明在此地移交战俘。
②广信府玉山县。
③今安徽省周边。

小臣何尔驱驰急？欲请回銮罢六师。

5. 移交宸濠等战俘

王阳明押解俘虏来到杭州①后，对张永说道：

"江西之民，久遭濠毒，今经大乱，继以旱灾，又供京边军饷，困苦既极，必逃聚山谷为乱。"

并提出要设法阻止武宗亲征。张永曾联合杨一清扳倒了宦官刘瑾，故十分理解王阳明的苦衷。他说道：

"吾之此出，为群小在君侧，欲调护左右，以默辅圣躬，非为掩功来也。但皇上顺其意而行，犹可挽回，万一若逆其意，徒激群小之怒，无救于天下大计矣。"

王阳明感受到了张永的诚意，便于十月九日将俘虏移交给了浙江按察使，并自请停职，决定在西湖旁的净慈寺养病。

张永在武宗跟前陈述了王阳明的一片忠心，并晓以江西局势不稳，建议不要允准王阳明辞官养病的请求。因此，王阳明便受命兼任江西巡抚，于十一月回到了南昌。在南昌，王阳明

---

①张永为了与王阳明见面，率领两千军兵，以调查朱宸濠谋反详情为名先行来到杭州等候王阳明。

受到了军民的盛大欢迎。

见此情形，张忠、许泰的军队心怀恐惧，便离开了南昌。不久之后，武宗也移驾江苏京口，随后又渡过长江驻跸南京。①

6. 良知与兵法

宸濠造反后仅过了四十三日，王阳明举义兵后仅过了十四日，便平定了叛乱，生擒了逆贼宁王朱宸濠。自不待言，这一切皆有赖于王阳明那果敢神速的军事行动。

其用兵，可谓完全符合强调"先为不可胜，以待敌之可胜""兵者，诡道也"以及用奸细扰乱敌方的《孙子兵法》。

王阳明的门人王畿曾说：

"此次平叛，先生之所以能达到神速果敢，无碍自在，且忘却功绩之境界，皆为现成良知之所致。"

或许是王阳明时常挺身而出，讨伐贼寇的缘故吧，他并不

---

①此处作者表述有误。京口在长江南岸，故不可能先到京口，再渡江到南京。查作者所著《王阳明大传》可知，武宗的行踪应为从"徐、淮"南下，渡过长江到达京口，随后前往南京。

全盘否定为一般儒者所不齿的苏秦、张仪之术。《传习录》下中就记载了他如下话语：

> 苏秦、张仪之智也，是圣人之资。后世事业文章，许多豪杰名家，只是学得仪、秦故智。仪、秦学术善揣摸人情，无一些不中人肯綮，故其说不能穷。仪、秦亦是窥见得良知妙用处，但用之于不善尔。

王阳明的这一说法经常遭人非难。因为他并不否定以遭儒家嫌弃之权谋诈术为主要手段的苏秦、张仪。然而，儒者既然以经世济用为使命，就不能不深入了解现实状况。因此，朱子也精研兵法，甚至还注释过权谋之书《阴符经》。山鹿素行[①]与吉田松阴[②]研习兵法，用意也皆在于此。用日后王阳明的话语来说，即所谓：

---

① 山鹿素行（1622—1685），名高佑，字子敬，号素行，别号隐山，通称甚五右卫门。日本江户前期学者、儒学家、兵法家，古学派创始人之一，武士道精神的积极倡导者，以"山鹿派兵学"闻名于世。

② 吉田松阴（1830—1859），日本江户时代末期政治家、阳明学派思想家、教育家、改革家。明治维新的精神领袖及理论奠基者。兴办"松下村塾"，传授兵法，宣讲尊王攘夷主张，培养了高杉晋作、伊藤博文、山县有朋等倒幕维新领导人。

用兵之妙，皆发自良知。

7. 王阳明受难与克服

张忠、许泰等人对王阳明的嫉妒依然不解，他们在武宗面前大进谗言，说什么："王阳明在江西迟早必反。若遣使招他前来，他必不敢来。"

于是武宗便于正德十五年（1520），即王阳明四十九岁那年的一月二十六日下诏，敕令王阳明前来南京。张永对此心怀忧虑，便将张忠、许泰等人的阴谋透露给了王阳明。

王阳明受诏后立刻自南昌动身，很快就来到了安徽省的芜湖。这令张忠、许泰十分狼狈，他们怕自己的诬告败露，便假传圣旨，阻止王阳明前来南京。王阳明进退两难，在芜湖滞留了半个月。无奈之下，他上了九华山，每日端坐草庵。

在此期间，张永在武宗面前称赞王阳明为不可多得的忠臣，且武宗派人打探王阳明的动静之后，也了解了其为人，故而重新命他返回江西，安抚当地军民。王阳明尽管对武宗迟迟不肯回銮京师而忧虑不已，但也无可奈何，只得于当年二月，动身返回南昌。途中，他去了江西省的庐山，造访了白鹿洞，且在九江阅兵后再次前往庐山，造访了东林、天池、开元诸寺院之后，才返回南昌。

是年四月，江西遭遇大洪水，受灾十分严重。王阳明认为自己作为一省巡抚应负全部责任，便上了自劾奏折[1]。之所以有此一举，是因为当时武宗一行依旧滞留南京，王阳明希望通过上奏地方上的自然灾害与自劾，使武宗有所触动，从而将心思转到民生上来。

六月，王阳明前往赣州。途中，行至江西泰和之时，收到了朱子学者罗整庵的书信。在信中，罗整庵对王阳明的古本《大学》和《朱子晚年定论》以及"格物致知说"展开了质问。[2]

关于《朱子晚年定论》，罗整庵指出，王阳明所编集的朱子晚年悔悟书信中，有些为其中年所写；而针对古本《大学》和"格物致知说"，他则从朱子学的立场指出了王阳明唯心论解释之谬误。对此，王阳明的反驳可谓堂堂正正且旗帜鲜明，

---

[1] 即《水灾自劾疏》。
[2] 作者所著《王阳明大传》中是王阳明于正德十五年（1520）到了泰和后，主动拜访了罗整庵，并敬奉了古本《大学》和《朱子晚年定论》，这才收到了罗整庵关于这两本书的书信。

在详细阐述了其唯心主义"大学说"的同时，也明确展示了对于朱子学之极富个人特色的认识（参照《传习录》中）。

到达赣州后，王阳明立刻举行了阅兵式，并着手整顿武备，加强军事训练。与张忠、许泰怀有同样心思的江彬因此大起疑虑，曾派人暗中窥探王阳明的动静。就连王阳明的门人弟子也担心其安全，恳请他在当下应谨慎从事。王阳明则赋诗《啾啾吟》以表明心境：

啾啾吟

知者不惑仁不忧，君胡戚戚眉双愁？

信步行来皆坦道，凭天判下非人谋。

用之则行舍即休，此身浩荡浮虚舟。

丈夫落落掀天地，岂顾束缚如穷囚。

千金之珠弹鸟雀，掘土何烦用镯镂（名剑）？

君不见东家老翁防虎患，虎夜入室衔其头？

西家儿童不识虎，执竿驱虎如驱牛。

痴人惩噎遂废食，愚者畏溺先自投。

人生达命自洒落，忧谗避毁徒啾啾（悲泣之声）！

由此，我们可想见王阳明那已然超脱了忧患的洒落之心。吟出此诗后，他还说：

"吾在此与童子歌诗习礼，有何可疑？"

弟子陈明水（九川）等仍劝王阳明要尽量躲避危难，他反倒说：

> 公等何不讲学，吾昔在省城（南昌），处权竖，祸在目前，吾亦帖然（不为所动）；纵有大变，亦避不得。吾所以不轻动者，亦有深虑焉耳。

到了七月，武宗仍无意离开南京返回京师。张忠、许泰、江彬等人仍想将生擒宸濠之功占为己有。此时，张永认为"不可"，并说：

> 昔未出京，宸濠已擒，献俘北上，过玉山，渡钱塘，经人耳目，不可袭也。

在上一年，即正德十四年（1519）七月三十日，王阳明已将生擒宸濠上奏朝廷了，可武宗身边的那些奸臣却并未将此事禀报他，反而怂恿他御驾亲征。然而，正如张永所说，王阳明生擒宸濠并已献俘之事，已为天下所共知。

见事态无法收拾，张永便居间调停，命王阳明修改江西捷报后重新上奏。

于是王阳明在奏折[①]中加入了武宗、张忠、许泰等人名字，并说"平定宸濠之乱，全赖彼等之谋"。于是"彼等"心满意足。十二月，武宗在将宸濠正法后，回驾北京去了。

王阳明的门人钱德洪是如此记述张忠、许泰等奸佞之事的：

> 平藩事不难于倡义，而难于处忠、泰之变。

此次"宸濠事变"，王阳明的门人之中出现了一个牺牲者。他就是奉师命前去打探宸濠动静的冀元亨。冀元亨与宸濠见面正在其起事前夕，因他刚正不阿，还触怒了宸濠。

王阳明怕他遭受池鱼之殃，就让他走小路悄悄地回老家去了。但在宸濠被擒获之后，张忠、许泰等还是将他逮捕，诬

---

①即《重上江西捷音疏》。

陷他：

"受了王阳明之命，为了勾结宸濠才去他那儿的。"

并将他投入大牢，严刑拷打。

为了洗刷冀元亨的冤屈，王阳明付出了巨大的努力。最后，冀元亨终于在正德十六年（1521），世宗即位之际奉诏获释，但他已在此之前死在狱中了。

第十章

南昌时代的讲学

1. 与陈九川阐述"致良知"说

是年九月，回到南昌后，王阳明在忙于救济穷困民众的同时，也与从各处赶来的门人弟子一起探讨学问。王心斋（艮）、舒梓溪（芬）等人，就是在此时首次与王阳明会面的。

当时，朱子学者们对王阳明的谤议日盛，而王阳明并不屈从，坚持讲授他自己的学说。在他回到南昌之前，陈九川前来拜访时，两人之间就有过一番质疑问答。其实在那时，"良知"便已经成为一个话题了。现揭诸如下：

（陈九川）庚辰往虔州，再见先生，问："近来功夫虽若稍知头脑，然难寻个稳当快乐处。"

先生曰："尔却去心上寻个天理，此正所谓理障。此间有个诀窍。"

曰："请问如何？"

曰："只是致知。"

曰："如何致？"

曰："尔那一点良知，是尔自家底准则。尔意念着处，他是便知是，非便知非，更瞒他一些不得。尔只不要欺他，实实落落依着他做去，善便存，恶便去。他这里何等稳当快乐。此便是'格物'的真诀，'致知'的实功。若不靠着这些真机，如何去格物？我亦近年体贴出来如此分明，初犹疑只依他恐有不足，精细看无些小欠阙。"

（《传习录》下）

2. "致良知"说首次公诸天下

正德十六年（1521），王阳明五十岁时，将古本《大学·序》的末句改为"悟致知焉，尽矣"，将"致知"作为其学说之大宗旨。所谓"致知"，就王阳明而言，自然就是"致良知"了。《年谱》云："是年先生始揭致良知之教。"并作如下记述：

先生闻前月十日武宗驾入宫，始舒忧念。自经宸濠、忠、泰之变，益信良知真足以忘患难，出生死，所谓考三王（夏之禹王；殷之汤王；周之文王、武王），建天地，质鬼神，俟后圣，无弗同者。乃遗书守益曰："近来信得'致良知'三字，真圣门正法眼藏。往年尚疑未尽，今自多事以来，只此良知无不具足。譬之操舟得舵，平澜浅濑，无不如意，虽遇颠风逆浪，舵柄在手，可免没溺之患矣。"

一日，先生喟然发叹。九川问曰："先生何叹也？"

曰："此理简易明白若此，乃一经沉埋数百年。"

九川曰："亦为宋儒从知解上入，认识神（直觉、知识）为性体，故闻见日益，障道日深耳。今先生拈出'良知'二字，此古今人人真面目，更复奚疑？"

先生曰："然！譬之人有冒别姓坟墓为祖墓者，何以为辨？只得开圹（kuàng，墓穴、坟墓）将子孙滴血，真伪无可逃矣。我此'良知'二字，实千古圣圣相传一点骨血也。"

又曰："某于此良知之说，从百死千难中得来，不得已与人一口说尽。只恐学者得之容易，把作一种光景玩弄，不实落用功，负此知耳。"

先生自南都以来，凡示学者，皆令存天理去人欲以为本。有问所谓，则令自求之，未尝指天理为何如也。间语友人曰："近欲发挥此，只觉有一言发不出，津津然如含诸口，莫能相度。"久乃曰："近觉得此学更无有他，只是这些子，了此更无余矣。"旁有健羡不已者，则又曰："连这些子亦无放处。"今经变后，始有良知之说。

由此，王阳明"致良知"之经过也十分清楚了。倘若将"龙场之悟"称为"首悟"，那么似可将"致良知"之悟称为"再悟"。而王阳明所阐明的"良知"说，到了其晚年，则变得愈加成熟、愈加深远宏大了。

因此他说：

> 人若知这良知诀窍，随他多少邪思枉念，这里一觉，都自消融；真个是灵丹一粒，点铁成金。
>
> 良知是造化的精灵，这些精灵，生天生地，成鬼成帝，皆从此出，真是与物无对。人若复得他完完全全，无少亏欠，自不觉手舞足蹈，不知天地间更有何乐可代。
>
> （《传习录》下）

3. 表彰陆九渊

王阳明的唯心主义"格物"论和"致良知"说，或可谓将陆九渊"心即理"说之奥秘加以挑明、发展所得的成果。因此，王阳明欲褒扬长期受到贬抑的陆九渊，也就是顺理成章之事了。

王阳明见象山之学尽管已得孔孟真传，却长期不为人所知，非但他本人没有陪祀孔庙，子孙也未沾褒崇之泽，感到非常遗憾。于是便行文①抚州金溪县（江西）官吏，要求他们效仿各地对待圣贤后裔的惯例，免除陆氏子孙的差役，并择其优秀子弟入官学，完成学业。

抚州知府李茂元刊行《象山文集》之后，王阳明也为其撰写序文，表彰其学。曾在龙场问过王阳明"朱陆同异"的席元山，也为陆学之不振而深感痛惜，著《鸣冤录》后寄给王阳明，为陆学大力辩护。席元山此时已晋升为御史，正在北上途中。宸濠之乱时，席元山任福建左布政使，曾率两万军兵支援王阳明。

正德十六年（1521）三月，武宗驾崩，世宗即位。世宗诛杀了张忠、许泰、江彬等奸人，为褒奖王阳明之功劳，于六月十六日下特旨召王阳明进京。王阳明于六月二十日动身，行至

---

①即《褒崇陆氏子孙》。

钱塘江时，此事却因身为大学士之宰辅杨廷和妒忌而中止了。故王阳明上疏[1]请求顺道回乡探亲，获朝廷允准，并被委任为南京兵部尚书。

---

[1]即《乞便道归省疏》。

第十一章

晚年之学

1. 受封新建伯

正德十六年（1521）八月，王阳明回到越地，九月，前往余姚，与父亲龙山公重逢，见面之后父子二人都感慨万千，不由得涕泪横流。钱德洪、王畿于此时入门。这段日子里，王阳明常与亲友、门人游览山水，遇到适当的场合便讲述其"良知"之学。

十二月，王阳明因平定"宸濠大乱"之功而被封为新建伯。第二年，即嘉靖元年（1522），五十一岁那年的正月，王阳明上疏①辞退封爵，非但未获允准，反倒连曾祖父、祖父、父亲都被追封为新建伯。次月，父亲龙山公去世，享年七十七岁。

七月，王阳明再次上疏②辞退封爵，仍未获允准。这次，他还恳请公平分配恩赏，但也未获允准。

---

① 即《辞封爵普恩赏以彰国典疏》。
② 即《再辞封爵普恩赏以彰国典疏》。

2. 针对王阳明的诽谤

王阳明之所以要再次上疏辞退封爵，是因为当时有御史程以道①、给事中毛国珍②等人在朝中弹劾他，诬陷他私通宁王朱宸濠。不仅如此，他们还将阳明之学称为异端，奏请禁止。对此，王阳明的门人，时任刑部主事的陆澄写下奏折③将诽谤内容归结为六条，并逐条加以驳斥——所谓"六辩"。然而，王阳明却说："惟当反求诸己，……以务求于自谦，所谓'默而成之，不言而信'④者也。"⑤并加以制止。

时任光禄寺少卿的黄绾，也上了为王阳明辩护的奏折⑥。

第二年，即嘉靖二年（1523），王阳明五十二岁那年的二月，进士科考时出现了要求评述心学的题目。这自然是出于欲排斥以心学为宗之阳明学的意图。王阳明门人徐三溪（汝佩）

---

①程以道：程启充，生卒年不详，字以道，南直隶苏州府嘉定人，正德三年（1508）进士。时任巡按江西监察御史。

②毛国珍：毛玉（1464—1524），字国珍，云南府昆明县人。弘治十八年（1505）进士，时任户科给事中。

③即《辨忠谗以定国是疏》。

④语出《易·系辞上》。意为：沉默不语，事情自然会成，别人自然会信。

⑤出自《王文成公全书》卷五《与陆原静（二）》。

⑥即《明军功以励忠勤疏》。

愤慨不已，不作答便退场了。而门人欧阳德、王元卿（臣）、魏良弼等人，堂堂正正地论述了阳明心学之精神却及第了。

然而，钱德洪却落榜了。不料，当他向王阳明表达了对本科出题的不满后，王阳明却说：

> 圣学从兹大明矣。……吾学恶得遍语天下士？今会试录，虽穷乡深谷无不到矣。吾学既非，天下必有起而求真是者。
>
> （《年谱》）

《传习录》下中，有王阳明让门人弟子各自叙述别人诽谤自己之看法的记述。先列举如下：

> 薛尚谦、邹谦之、马子莘、王汝止侍坐。
>
> 因叹先生自征宁藩已来，天下谤议益众，请各言其故。有言先生功业势位日隆，天下忌之者日众；有言先生之学日明，故为宋儒争是非者亦日博；有言先生自南都以后，同志信从者日众，而四方排阻者日益力。
>
> 先生曰："诸君之言，信皆有之，但吾一段自知处，诸

君俱未道及耳。"

诸友请问。

先生曰："我在南都已前，尚有些子乡愿的意思在。我今信得这良知真是真非，信手行去，更不着些覆藏。我今才做得个狂者的胸次，使天下之人都说我行不掩言也罢。"

尚谦出，曰："信得此过，方是圣人的真血脉。"

3. 举办赏月大宴

嘉靖三年（1524），王阳明五十三岁。那时，有许多门人从各地聚集到越地（绍兴）。他的高足南大吉就是在那时入门的。

是年八月，时值中秋之夜，王阳明率门人弟子百余人在碧霞池的天泉桥畔大办赏月之宴。弟子们有的唱歌，有的投壶，有的击鼓，有的荡舟，一个个兴致都十分高涨。见此情形，王阳明退下后作了二首诗[①]，第二首如下：

①即《月夜二首》。

月夜

处处中秋此月明，不知何处亦群英？

须怜绝学经千载，莫负男儿过一生。

影响尚疑朱仲晦，支离羞作郑康成。

铿然舍瑟春风里，点也虽狂得我情。

此诗中，王阳明讽刺宋代的朱子学（朱熹，字仲晦）追求影子与声响，失去了穷理之根本；后汉的郑玄（康成）则只注重文字解释，即陷入训诂功夫之中，失去了全体之道，同时又高度评价了孔子的弟子曾点之"狂"。

那么，什么是"曾点之狂"呢？

却说有一次，孔子要弟子子路、曾皙（点）、冉有、公西华各自讲述自己的抱负。于是大家都讲述匡时济世的远大志向，唯独曾皙一言不发，只是一个劲儿地鼓瑟。在孔子的催促下，他才放下了瑟，说道：

"我只想在春天里，与青年五六人、小孩六七人，一起去沂水洗澡。再到舞雩台（祭天求雨之处）上吹吹风，然后吟唱着诗歌回家去。"

于是孔子就说："我也要与你一起去啊。"[1]

曾晳不顾世俗眼光，为所欲为，无疑属于"狂者"一类。而酒宴上的门人弟子，尽管也作出了种种"狂"样，却忘记了孔子真正的教诲。见此情形，王阳明便作此诗，不露声色地加以训诫。

第二天早上，门人弟子全来向王阳明道歉。于是王阳明便谆谆教诲道：

　　昔者孔子在陈，思鲁之狂士。世之学者，没溺于富贵声利之场，如拘如囚，而莫之省脱。及闻孔子之教，始知一切俗缘皆非性体，乃豁然脱落。但见得此意，不加实践以入于精微，则渐有轻灭世故，阔略伦物之病。虽比世之庸庸琐琐者不同，其为未得于道一也。故孔子在陈，思归以裁[2]之，使入于道耳。诸君讲学，但患未得此意。今幸见此，正好精诣力造，以求至于道。无以一见自足而终止于狂也。

（《年谱》）

---

①出自《论语·先进篇》。
②节制，修整。

4."大礼之议"爆发

由于武宗没有嗣子，在其驾崩之后，便迎武宗父孝宗之弟，兴献王的儿子继承了皇位，是为世宗。世宗欲将其亲生父亲作为皇考配祀太庙，但有人以为兴献王只是皇叔。于是议论纷起，莫衷一是，很快就分成了激烈对抗的两派。王阳明的门人弟子也卷入了这场纷争之中。然而，王阳明对此心怀忧虑，担心这种纷争会带来党争之祸，以至于当有弟子问及"大礼之议"时，他一概不予回复。

考虑到明末东林党争导致明朝衰亡之情形，王阳明这般态度，或可谓经过深思熟虑的。

5. 续刊《传习录》

是年十月，南大吉在之前薛侃刊行的《传习录》中增添了王阳明九封论学的书信，在越地雕版印刷。薛侃将前者作为上册，将后者作为下册。由于原刻失传，故后来重刊时，下册的内容多少有些差异。

王阳明死后，《传习录》以上、中、下三卷刊行，而下卷为王阳明的语录。

6. 王阳明写"四大记"

嘉靖四年（1525），王阳明五十四岁那年的正月，夫人诸氏去世，于四月葬于徐山。该月，王阳明写了《稽山书院尊经阁记》，之后又在该年写了《亲民堂记》《万松书院记》《重修山阴县学记》。该"四大记"详细记述了王阳明晚年的学说，尤其是在《稽山书院尊经阁记》中，他甚至还写下了这样的话：

> 故"六经"者，吾心之记籍（财产账目）也，而"六经"之实则具于吾心。

总之，王阳明认为，"六经"已都在自己心中，如果不努力认取本心，体认"六经"之道，而求诸心外，则如同犬类追逐土块，不仅愚不可及，更会使学问陷入支离破碎的境地。

7. 拔本塞源论

九月，王阳明祭扫了余姚的祖先陵墓，并聚集门人于龙泉山寺中的中天阁讲学。是年，王阳明的门人弟子在越城（绍兴）建造了阳明书院。

是年，王阳明在写给顾东桥的书信①中论述了"知行合一""致良知"和"万物一体之仁"（《传习录》中），而最后部分所阐述的"拔本塞源（从根本上铲除恶弊）论"更是自古以来脍炙人口的名篇，现摘录于下：

> 夫拔本塞源之论不明于天下，则天下之学圣人者将日繁日难，斯人沦于禽兽夷狄，而犹自以为圣人之学；吾之说虽或暂明于一时，终将冻解于西而冰坚于东，雾释于前而云滃（wěng，云气涌起）于后，呶呶（náo náo，喋喋不休、惹人讨厌）焉危困以死，而卒无救于天下之分毫也已。夫圣人之心，以天地万物为一体，其视天下之人，无外内远近；凡有血气，皆其昆弟赤子之亲，莫不欲安全而教养之，以遂其

① 即《答顾东桥书》。

万物一体之念。天下之人心，其始亦非有异于圣人也，特其间于有我之私，隔于物欲之蔽，大者以小，通者以塞，人各有心，至有视其父、子、兄、弟如仇雠者。圣人有忧之，是以推其天地万物一体之仁以教天下，使之皆有以克其私、去其蔽，以复其心体之同然。其教之大端，则尧、舜、禹之相授受，所谓"道心惟微，惟精惟一，允执厥中"。而其节目则舜之命契，所谓"父子有亲，君臣有义，夫妇有别，长幼有序，朋友有信"五者而已。唐、虞、三代之世，教者惟以此为教，而学者惟以此为学。当是之时，人无异见，家无异习，安此者谓之圣，勉此者谓之贤，而背此者，虽其启明如朱，亦谓之不肖。下至闾井、田野，农、工、商、贾之贱，莫不皆有是学，而惟以成其德行为务。何者？无有闻见之杂，记诵之烦，辞章之靡滥，功利之驰逐，而但使孝其亲，弟其长，信其朋友，以复其心体之同然；是盖性分之所固有，而非有假于外者，则人亦孰不能之乎？学校之中，惟以成德为事；而才能之异，或有长于礼乐，长于政教，长于水土播植者，则就其成德，而因使益精其能于学校之中。迨夫举德而任，则使之终身居其职而不易。用之者惟知同心一德，以共安天下之民，视才之称否，而不以崇卑为轻重，劳逸为美恶；效用者亦惟知同心一德，以共安天下之民，苟当其能，则终身处于烦剧而不以为劳，安于卑琐而不以为贱。当是之时，天下之人熙熙皞皞（hào hào，和乐舒畅、恬然自得），皆相视如一家之亲。其才质之下者，则安其农、工、商、贾之分，各勤其业，以相生相养，而无有乎希高慕外之心。其才能之异，若皋、夔、稷、契者，则出而各效其能。若一家之务，或营其衣食，或通其有无，或备其器用，集谋并力，以求遂其仰事俯育之愿，惟恐当其事者之或怠而重己之累也。故稷勤其稼，而不耻其不知教，视契之善教，即己之善教也；夔司其乐，而不耻于不明礼，视夷之通礼，即己之通礼也。盖其心学纯明，而有以全其万物一体之仁，故其精神流贯，志气通达，而无有乎人己之分，物我之间；譬之一人之身，目视，耳听，手持，足行，以济一身之用，目不耻其无聪，而耳之所涉，目必营焉，足不耻其无执，而手之所探，足必前焉；盖其元气充周，血脉条畅，是以痒疴呼吸，感触神应，有不言而喻之妙。此圣人之学所以至易至简，易知易从，学易能而才易成者，正以大端惟在复心体之同然，而知识技能非所与论也。

三代之衰，王道熄而霸术倡；孔、孟既没，圣学晦而邪说横。教者不复以此为教，而学者不复以此为学。霸者之徒，窃取先王之近似者，假之于外，以内济其私己之欲，天下靡然而宗之，圣人之道遂以芜塞。相仿相效，日求所以富强之说，倾诈之谋，攻伐之计，一切欺天罔人，苟一时之得，以猎取声利之术，若管、商、苏、张之属者，至不可名数。既其久也，斗争劫夺，不胜其祸，斯人沦于禽兽、夷狄，而霸术亦有所不能行矣。世之儒者慨然悲伤，蒐猎先圣王之典章法制，而掇拾修补于煨烬之余，盖其为心良欲以挽回先王之道。圣学既远，霸术之传积渍已深，虽在贤知，皆不免于习染，其所以讲明修饰，以求宣畅光复于世者，仅足以增霸者之藩篱，而圣学之门墙遂不复可睹。于是乎有训诂之学，而传之以为名；有记诵之学，而言之以为博；有词章之学，而侈之以为丽。若是者纷纷籍籍，群起角立于天下，又不知其几家，万径千蹊，莫知所适。世之学者，如入百戏之场，欢谑跳踉、骋奇斗巧、献笑争妍者，四面而竞出，前瞻后盼，应接不遑，而耳目眩瞀（xuàn mào，眼睛昏花，视物不明），精神恍惑，日夜遨游淹息其间，如病狂丧心之人，莫自知其家业之所归。时君世主亦皆昏迷颠倒于其说，而终身从事于无用之虚文，莫自知其所谓。间有觉其空疏谬妄，支离牵滞，而卓然自奋，欲以见诸行事之实者，极其所抵，亦不过为富强功利五霸之事业而止。圣人之学日远日晦，而功利之习愈趋愈下。其间虽尝瞀惑于佛、老，而佛、老之说卒亦未能有以胜其功利之心；虽又尝折中于群儒，而群儒之论终亦未能有以破其功利之见。盖至于今，功利之毒沦浃于人之心髓，而习以成性也，几千年矣。相矜以知，相轧以势，相争以利，相高以技能，相取以声誉；其出而仕也，理钱谷者则欲兼夫兵刑，典礼乐者又欲与于铨轴，处郡县则思藩臬之高，居台谏则望宰执之要。故不能其事则不得以兼其官，不通其说则不可以要其誉；记诵之广，适以长其敖也；知识之多，适以行其恶也；闻见之博，适以肆其辨也；辞章之富，适以饰其伪也。是以皋、夔、稷、契所不能兼之事，而今之初学小生皆欲通其说，究其术。其称名僭号，未尝不曰"吾欲以共成天下之务"，而其诚心实意之所在，以为不如是则无以济其私而满其欲也。呜呼！以若是之积染，以若是之心志，而又讲之以若是之学术，宜其闻吾圣人之教，而视之以为赘疣枘凿，则其以良知为未足，而谓圣人之学为无所用，亦其势有所必至矣！呜呼！士生斯世，而尚何以求圣人之学乎！尚何以论圣人之学乎！士生斯世而欲以为学者，不亦劳苦而繁难乎？不亦拘滞而险艰乎？呜呼，可悲也已！所幸天理之在人心，终有所不可泯，而良知之明，万古一日，则其闻吾拔本塞源之论，必有恻然而悲，戚然而痛，愤然而起，沛然若决江河，而有所不可御者矣。非夫豪杰之士，无所待而兴起者，吾谁与望乎？

被誉为日本阳明学中兴之祖的三轮执斋，曾予"拔本塞源论"以高度评价，并称赞道：

"此乃至论中之至论，明文中之明①文。秦汉以来数千年间，唯此一文耳。"

王阳明刊刻此给顾东桥的复信时，顾东桥尚健在，故有些版本作《答人论学书》。对此，幕末时代的儒者佐藤一斋说：

"王阳明之'拔本塞源论'，其论酣畅淋漓，令人惭愧，毫无反驳余地，一旦传播，恐成羞辱东桥之作，故特意隐去其姓名。"

"拔本塞源论"吐露了王阳明晚年的思想与其救世之至情，欲以圣人"万物一体"之学教导天下，以此让天下人克服私欲，恢复心之本体，从根本上拯救圣人没后所产生的功利主义积弊。

---

①两个"明"字原文如此，疑为"名"之误。因"明"与"名"在日语中读音相同，而日本印刷物中串用同音汉字的现象又十分普遍。

且不论三代以前圣学通行的时代如何，反正在此之后，圣学衰亡，异端邪说兴起。王阳明在此文中，叙述了这种状态对人心所产生的巨大危害，而为了拯救人心，尽管各个时代都兴起了诸多学说，却全都没用。

那么，要怎样才能拯救人心，摆脱危害呢？王阳明认为，必须人人发挥先天具备的良知，扫荡功利之心，回归以万物为一体之心体。这样，理想的世界就会变成现实。

一言以蔽之，就是在人心归一、道德归一的前提下，根据自己的才能从事相应的职业，并充分完成其职责，这样便能实现王阳明所谓的理想世界了。王阳明"万物一体"的思想，可谓用其"良知说"将《礼记·礼运篇》所述之"大同思想"与宋代程颢、程颐、张载以及陆九渊等人的"万物一体"思想结合在一起的集大成者。因此，或也可谓他将孔子"仁"的思想发展到极致后，所显示出来的"仁"之思想的成熟境地吧。

8. 良知与太虚

嘉靖五年（1526），王阳明五十五岁那年的四月，其高足，在绍兴知府任上颇有政绩的南大吉，在进京述职时忽遭罢免。在回陕西省亲的途中，他给王阳明写了一封长信。其中无一语涉及自己的得失荣辱，只担心自己修为不够，不能成为圣人。王阳明对此大为感佩，在回信[1]中阐述了良知的本体为太虚的道理：

　　夫惟有道之士，真有以见其良知之昭明灵觉，圆融洞彻，廓然与太虚而同体。太虚之中，何物不有？而无一物能为太虚之障碍。盖吾良知之体，本自聪明睿知，本自宽裕温柔，本自发强刚毅，本自斋庄中正、文理密察，本自溥博渊泉而时出之，本无富贵之可慕，本无贫贱之可忧，本无得丧之可欣戚，爱憎之可取舍。

　　盖吾之耳而非良知，则不能以听矣，又何有于聪？目而非良知，则不能以视矣，又何有于明？心而非良知，则不能以思与觉矣，又何有于睿知？然则，又何有于宽裕温柔乎？又何有于发强刚毅乎？又何有于斋庄中正、文理密察乎？又何有于溥博渊泉而时出之乎？

（《王文成公全书》卷六）

---

①即《答南元善（一）》。

在此，王阳明将"良知"阐述为与宋代张横渠所称的"太虚"一样的宇宙之本体。为什么要将"太虚"说成"良知"本体呢？其一，由于南大吉与张横渠同为关中出身；其二，是为了指点南大吉要在本体上下功夫，即修行必须依靠本体（良知）之力。另一名高足钱德洪，动辄纠结于修行的方式与过程，所以王阳明也对他阐述了"太虚"：

> 良知本体原来无有，本体只是太虚。
>
> （《年谱》）

张横渠以"太虚"为宇宙之本体、道德之渊源。用张横渠的话来说，就是："太虚是无形清净之物，无碍自在。"

"太虚"本为庄子率先提出的概念，但庄子的"太虚说"，意在抛弃世间烦累，逍遥于"太虚"之无碍自在的世界。而张横渠的"太虚说"，是基于儒家立场的。王阳明则从"良知"的角度加以阐述，且批判了庄子式的"太虚说"：

> 世之高抗通脱之士，捐富贵，轻利害，弃爵禄，决然长

往而不顾者，亦皆有之。彼其或从好于外道诡异之说，投情于诗酒山水技艺之乐，又或奋发于意气，感激于愤悱，牵溺于嗜好，有待于物以相胜，是以去彼取此而后能。及其所之既倦，意衡心郁，情随事移，则忧愁悲苦，随之而作，果能捐富贵，轻利害，弃爵禄，快然终身，无入而不自得已乎？

正如他在信中所述，事实上只有真正的有道之士，才能进入无碍自在之境地。

《传习录》下中也记述王阳明的"太虚论"如下：

良知之虚，便是天之太虚；良知之无，便是太虚之无形。日、月、风、雷、山川、民、物，凡有貌象形色，皆在太虚无形中发用流行，未尝作得天的障碍。圣人只是顺其良知之发用，天地万物，俱在我良知的发用流行中，何尝又有一物超于良知之外能作得障碍？

9. 万物一体论

是年八月，王阳明在写给聂双江（名豹，字文蔚）的书信①中热切地论述了"万物一体之心"。他在信中阐述道：

> 夫人者，天地之心，天地万物，本吾一体者也。生民之困苦荼毒，孰非疾痛之切于吾身者乎？不知吾身之疾痛，无是非之心者也。是非之心，不虑而知，不学而能，所谓"良知"也。良知之在人心，无间于圣愚，天下古今之所同也。世之君子惟务致其良知，则自能公是非，同好恶，视人犹己，视国犹家，而以天地万物为一体，求天下无治，不可得矣。

> 古之人所以能见善不啻若己出，见恶不啻若己入，视民之饥溺犹己之饥溺，而一夫不获②，若己推而纳诸沟中者，非故为是而以蕲③天下之信己也，务致其良知，求自慊而已矣。尧、舜、三王之圣，言而民莫不信者，致其良知而言之也；行而民莫不说者，致其真知而行之也。是以其民熙熙皞皞，杀之不怨，利之不庸④，施及蛮貊，而凡有血气者莫不尊亲；

---

① 即《答聂文蔚（一）》。

② "一夫不获"语出《尚书·商书·说命下》。不获：没有得到适当的安置，不得其所。

③ 通"祈"，祈求。

④ "杀之不怨，利之不庸"语出《孟子·尽心章句上》，意为：百姓要被杀了，也不怨恨；给了他好处，也不觉得应该酬谢。

为其良知之同也。呜呼！圣人之治天下，何其简且易哉！

（《传习录》中）

王阳明认为，通过"致良知"便可成就"万物一体之心"，上古时代就是这么实现理想之政治的。实在是没有比这个更简易的治世之道了。

那么，这个"万物一体之心"到底是什么呢？简单而言，就是将他人的痛苦当作自己的痛苦的感同身受之心。王阳明自己有如下论述：

"此心为各人先天所具有，感此心者即为良知，故于良知之是非，好恶之情，为万人所共有。致此良知，便可以万物为一体。古之圣人据此而成就大治也。"①

在上述书信中，尚有如下叙述：

后世良知之学不明，天下之人用其私智以相比轧，是以人各有心，而偏琐僻陋之见，狡伪阴邪之术，至于不可胜说；外假仁义之名，而内以行其自私自利之实，诡辞以阿

---

①该段根据日文译出。

俗，矫行以干誉，掩人之善而袭以为己长，讦人之私而窃以为己直，忿以相胜而犹谓之徇义，险以相倾而犹谓之疾恶，妒贤忌能而犹自以为公是非，恣情纵欲而犹自以为同好恶，相陵相贼，自其一家骨肉之亲，已不能无尔我胜负之意，彼此藩篱之形，而况于天下之大，民物之众，又何能一体而视之？则无怪于纷纷籍籍，而祸乱相寻于无穷矣。

（《传习录》中）

王阳明在此叙述了良知之学不明，万物一体之道沦丧的当下的世相人心，且大为感叹，但其所述的内容是与前文"拔本塞源论"所揭示的主张一脉相承的。

在信中，王阳明继续说道：

仆诚赖天之灵，偶有见于良知之学，以为必由此而后天下可得而治。是以每念斯民之陷溺，则为之戚然痛心，忘其身之不肖，而思以此救之，亦不自知其量者。天下之人见其若是，遂相与非笑而诋斥之，以为是病狂丧心之人耳。呜呼！是奚足恤哉？吾方疾痛之切体，而暇计人之非笑乎！（中略）今之人虽谓仆为病狂丧心之人，亦无不可矣。天下之人，皆吾之心也，天下之人犹有病狂者矣，吾安得而非病狂乎？犹有丧心者矣，吾安得而非丧心乎？

（《传习录》中）

王阳明自从"赖天之灵"悟出该"良知"之学以来，认为通过"致良知"便可使天下得以大治，并在能对天下人的困苦艰难感同身受的"万物一体"之至情的驱使下，激发出了救世之念，全然不顾世俗之人的非难与嘲笑。其至诚之心，可谓惊天地、泣鬼神。他也提道：

"从前，孔子在'万物一体'之情的驱使下，全然不顾世人之非议，以拯救天下苍生为己任。"

并如此叙述道：

昔者孔子之在当时，（中略）则当时之不信夫子者，岂特十之二三而已乎？然而夫子汲汲遑遑，若求亡子于道路，而不暇于暖席者，宁以蕲人之知我、信我而已哉？盖其天地万物一体之仁，疾痛迫切，虽欲已之而自有所不容已，故其言曰："吾非斯人之徒与而谁与？"[1]"欲洁其身而乱大

---

①语出《论语·微子》。意为：如果不与人类相处，又和谁相处呢？

伦。"①"果哉，未之难矣！"②呜呼！此非诚以天地万物为一体者，孰能以知夫子之心乎？若其"遁世无闷"③"乐天知命"④者，则固"无入而不自得"⑤，"道并行而不相悖"⑥也。（《传习录》中）

王阳明认为，孔子不顾世人之非难，为了救民于困苦而东奔西走，席不暇暖，完全是出于迫切的"万物一体"之至情，是欲罢而不能之事。

这时，王阳明在写给友人的信中也谈到了"知行合一"论，且到达了十分成熟的境地。如前所述，他写道：

知之真切笃实处即是行，行之明觉精察处即是知。

（《王文成公全书》卷六《答友人问》）

---

①语出《论语·微子》。意为：本想洁身自好，却扰乱了君臣这一最大的伦常关系。
②语出《论语·宪问》。意为：好坚决！没有什么可以说服他了。
③语出《周易·乾卦·文言传》。
④语出《周易·系辞上传》。
⑤语出《中庸》第十四章。意为：君子无论处于什么情况下都是安然自得的。
⑥语出《中庸》第三十章。

由此，"知行合一"论也变得越发直接、明快了。

是年十一月，正亿出生了。他是王阳明到了五十五岁才得的亲生儿子。十二月，江西安福的志同道合之士结成了"惜阴会"，王阳明作《惜阴说》（《王文成公全书》卷七）以资鼓励。在此文中，王阳明以"良知"为天道，并阐述为"良知之运无一息之或停者"。

至此，王阳明的"良知"观，可谓已到极致了。

10. 受命征讨思恩、田州

嘉靖六年（1527），王阳明五十六岁那年的四月，门人邹守益在广德州（安徽）刊行了王阳明的文录[①]。这是获得王阳明许可的出版物，由王阳明亲自标明各篇的写作年月，并命钱德洪加以分类，按写作年代先后予以编排。

是年五月，王阳明以南京兵部尚书之原职兼任都察院左都御史，并受命平定广西思恩、田州的叛乱。这次，只是心怀怨

---

①即《王阳明先生文录》，共四册，由王阳明亲自选篇，注明执笔年月，并由钱德洪编纂。

恨的当地土官（当地世袭的官吏）叛乱，似乎也并非什么了不起的大事。其实，时任礼部尚书的席元山等人上疏推荐王阳明入阁，而现任阁老为了加以阻挠，才派王阳明征讨思、田的。王阳明以重病在身为由极力辞退，但未获允准。

11. 关心门人弟子之教化

出征思、田之前，王阳明为弟子们写下了教育指导书《客座私祝》（《王文成公全书》卷二十四）。其实该书并未阐述什么深远高妙的思想，只讲述了一些任何人都该在日常生活中牢记在心的事项。读了此书，便可想见王阳明对于弟子们的殷切期望。书中也记录其教育门人弟子的心得体会。

《客座私祝》写于八月份，同月，王阳明又将《大学问》（《王文成公全书》卷二十六）交给了钱德洪。该书记录了王阳明晚年的《大学》说，是一部可称为师门教典的著作。在该书的序中，钱德洪写道：

> 吾师接初见之士，必借《学》《庸》首章以指示圣学之全功，使知从入之路。师征思、田将发，先授《大学问》，

德洪受而录之。

《大学问》是王阳明针对《大学》首章的解释之书，阐明了王阳明晚年对于《大学》之成熟的认识。钱德洪在其跋文中，将《大学问》称为师门教典。

12. 天泉桥上的问答

王阳明决定于九月九日动身前往思、田。前一天，钱德洪与王畿拜访了船中的张叔谦（元冲），他们一起讨论了王阳明的"四句教言"。"四句教言"也被称作"四句宗旨"或"四言教"，即"无善无恶心之体，有善有恶意之动，知善知恶是良知，为善去恶是格物"这么四句话。

王畿说：

> 此恐未是究竟话头：若说心体是无善、无恶，意亦是无善、无恶的意，知亦是无善、无恶的知，物亦是无善、无恶的物矣。若说意有善、恶，毕竟心体还有善、恶在。

世人将他这种说法称作"四无说"或"无善说"。

对此，钱德洪则反驳道：

> 心体是"天命之性"，原是无善、无恶的；但人有习心，意念上见有善恶在，格、致、诚、正、修，此正是复那性体功夫，若原无善恶，功夫亦不消说矣。

世人将他这种说法称作"四有说"或"有善说"。

王畿认为：心体是超越善恶的绝对无的东西，即便是想通过修行达到，终会因拘泥于善恶之念而无法领悟绝对无的心体。因此，必须一举领悟绝对无之处。

而钱德洪则认为：王畿这么说，是太不了解现实中的人心了。还是必须积累修行，才能到达绝对无的心体。像你说的那样，一举领悟绝对无的心体，反倒会陷入虚妄。

其实，倘若用禅宗的话来说，王畿主张的是直悟、顿悟，而钱德洪则主张渐修。

由于他们二人谁都说服不了谁，便决定去请教王阳明。王阳明陪同他们一起来到了天泉桥畔，说道：

我今将行，正要你们来讲破此意。二君之见正好相资为用，不可各执一边。我这里接人原有此二种：利根之人，直从本原上悟入。人心本体原是明莹无滞的，原是个未发之中。利根之人一悟本体，即是功夫，人己内外，一齐俱透了。其次不免有习心在，本体受蔽，故且教在意念上实落为善去恶。功夫熟后，渣滓去得尽时，本体亦明尽了。汝中之见，是我这里接利根人的；德洪之见，是我这里为其次立法的。二君相取为用，则中人上下皆可引入于道。若各执一边，眼前便有失人，便于道体各有未尽。已后与朋友讲学，切不可失了我的宗旨：无善、无恶是心之体，有善、有恶是意之动，知善、知恶是良知，为善、去恶是格物，只依我这话头随人指点，自没病痛。此原是彻上彻下功夫。利根之人，世亦难遇，本体功夫，一悟尽透。此颜子、明道所不敢承当，岂可轻易望人。人有习心，不教他在良知上实用为善去恶功夫，只去悬空想个本体，一切事为俱不着实，不过养成一个虚寂。此个病痛不是小小，不可不早说破。

（《传习录》下）

王畿的"四无说"是一种"本体即工夫"的简易直接之

道，即只要悟到了本体，修行也就自动完成了。因为他认为，"良知"是"现成"的。或许可以说，这是王阳明之"良知说"的一个自然归结，但王阳明本人却从未这么说过。这是因为他担心人们不相信"现成"的"良知"。与此同时，又考虑到倘若不是特别聪明伶俐的人，凡事都一任"现成"之"良知"，将会产生弊害，即王畿的说法用来教导聪明伶俐之人是可行的，但若推而广之，定将产生弊害，所以王阳明自己并不提倡。

王阳明在晚年倡导"良知说"时，要在"良知"之上冠以"致"字，就是出于此种考虑。

13. 本体与工夫

九月九日，王阳明踏上了征途。钱德洪和王畿一直把老师送到了浙江的严滩。就在那时，王畿问了王阳明有关佛教中的实相与幻相的概念。王阳明答道：

"有心俱是实，无心俱是幻；无心俱是实，有心俱是幻。"

王畿便说：

"有心俱是实，无心俱是幻，是本体上说工夫（修行）；

无心俱是实，有心俱是幻，是工夫上说本体。"

王阳明答曰：

"然也。"

他们所说的，其实是"本体即工夫，工夫即本体"。

当时，钱德洪还不能马上理解其深意，据说在经过数年修行之后，他才确信"本体、工夫合一"。（《传习录》下）

在此次讨论中，王阳明用了两次"有心"与两次"无心"，但前后之"心"的内涵是有所不同的。

关于"有心""无心"，后世的儒家学者有种种解释，如东正堂就说：

"前一个'有心'是指'实心'，'无心'则是'丧心'。因此，'有心'是'本心'，'无心'是'私心'。后一个'无心'是'虚心'，'有心'则是'着心'。因此，反倒以前面的'幻'为'真'，以'实'为'幻'了。"

总之，王阳明说的是：本体与工夫并不是不同的东西。换言之，本体之中有工夫，工夫之中有本体，本体与工夫是合而为一的。这其实与"知行合一"之主旨是完全一致的。

那么，"本体与工夫合而为一"到底是怎么回事呢？那是说：没有无本体的工夫，没有无工夫的本体。倘若将工夫与本体当作不同的东西，通过积累工夫达到本体，那么这两者也就成为不同的东西了。王阳明要强调的是，没有无本体的工夫，没有无工夫的本体。因此，本体一直在下工夫，一直在自我完善，而工夫正是本体的作用。王阳明所说的"本体"，自然就是"良知"，而"工夫"就是"致良知"，即发挥"良知"的作用。

14. 简易之学

十月，王阳明来到了给他留下了许多回忆的南昌。他受到了众多父老、军民的欢迎，在他们的簇拥下进了衙门。第二天，他参拜了孔庙，并在明伦堂讲解了《大学》。诸生济济一堂，几无立锥之地，尚有许多人欲亲聆教诲而不得。

之后，王阳明自南昌溯赣江而上前往吉安，到达吉安时，受到了三百多位门人的迎接。由于时间仓促，王阳明只得站着讲学：

"尧、舜生知安行①的圣人，犹兢兢业业，用困勉的功夫。吾侪以困勉的资质，而悠悠荡荡，坐享生知安行的成功，岂不误己误人？"

---

①"生知安行"为"生而知之""安而行之"之省略，出自《礼记·中庸》。安而行之：心安理得，自觉自愿地践行。

关于"良知"，他又说道：

"良知之妙，真是周流六虚，变通不居。若假以文过饰非，为害大矣。"

临别之际，王阳明又嘱咐道："工夫只是简易真切，愈真切，愈简易；愈简易，愈真切。"

东洋的简易之学，到了王阳明这里，可谓登峰造极了。

15. 平定思恩、田州匪患

嘉靖六年（1527）十一月二十日，王阳明来到了广西梧州，并在此地开府。

前一年年初，管辖广西思恩、田州等地的土官岑猛造反，提督都御史姚镆提兵征讨，生擒了岑猛父子。以前，每逢发生暴乱，朝廷派来的大员总是依赖当地土官及其兵卒予以平定，可最后的功劳统统归朝廷大员，当地土官却得不到任何褒奖。也正是这么个缘故，他们才会发生暴动。曾为岑猛手下的卢苏、王受作乱，其实也属于这种性质。对此，姚镆曾率领四省大军征讨，却大败而归。卢、王二人原本也并非凶恶无道之人，他们一万多的手下更是无辜百姓。

于是王阳明便于十二月一日上奏朝廷，阐述征讨有"十害"，招抚有"十利"，并解散了征讨军，劝卢、王二人投降。二人敬服王阳明的威信与德望，双双自缚来降。王阳明对二人处以杖百之刑后便释放了，并让他们做了当地的土官，同时也让朝廷任命的官吏予以监督。

湛甘泉在为王阳明所写的《墓志铭》中，称赞如此措置为：

"人知杀伐之为功，而不知神武不杀者，功之上也，仁义两全之道也。"

然而，也有人说，"王阳明平定思恩、田州之乱，失于妇人之仁"。

思、田之乱的完全平定，已是第二年，即嘉靖七年（1528），王阳明五十七岁那年二月里的事了。到了四月份，王阳明照例建造了学校，不失时机地展开了对当地民众的教化工作。况且还不仅限于田州，他在位于思恩府南面的南宁和更南面的广东灵山也建了学校，大力普及圣贤之学。

16. 平定八寨、断藤峡匪患

七月，王阳明袭击广西八寨、断藤峡之数万土匪，将其剿灭。这些匪徒曾经凭借天险，南通越南，西联东北蛮贼，出没领域广达数百里，危害地方生民长达百数十年之久。

王阳明在平定了思、田之后，就决定要剿灭这些土匪。他利用将回归湖南的军兵，以及卢、王的归顺之兵，奇袭匪徒之老巢，仅花了一个月就将其荡平，安定了地方情势。

17. 踏上归途

来到广西后，王阳明便因酷暑而旧病复发，且日益严重，故上奏朝廷①，请求归乡养病，但未获允准。于是王阳明便自作主张地踏上了归途。日后，他也因此备受攻讦。

八月二十七日，王阳明自南宁出发，经梧州北上，在靠近桂林的乌蛮滩，参拜了他十五岁时曾梦见的伏波将军庙，并作了题为《谒伏波庙》的诗。九月七日，他到达广城，在此地养病两月许。

十月，王阳明前往增城县，造访了湛甘泉的故居。由于当地官府新建了祭祀王阳明的六世祖，以忠孝著称的王纲、王彦

---

①即《八寨断藤峡捷音疏》。

达父子的祠堂①，王阳明便也前去参拜了。

18. 此心光明

十一月，王阳明自广城北上。就在此时，他给门人何性之（廷仁）写了后来成为绝笔的书信。信写道：

> 区区病势日狼狈，自至广城，又增水泻，日夜数行不得止。至今遂两足不能坐立，须稍定，即逾岭而东矣。
>
> （《王文成公全书》卷六）

王阳明的腹泻是结核病导致的。

十一月二十五日，王阳明翻越位于广东北部的梅岭，到达江西南安（大余），在此地换乘了舟船。《年谱》中有如下记载：

---

①王纲在增城县遇害后，朝廷已下诏建祠堂来祭祀他们父子。这时，增城县学的师生希望将该祠堂建在城门南边的天妃庙，该县知县遂上报申请。对此，王阳明发《批增城县改立忠孝祠申》，以遂其愿。

登舟时，南安推官门人周积来见。先生起坐，咳喘不已。

徐言曰："近来进学如何？"

积以政对。遂问道体无恙。

先生曰："病势危亟，所未死者，元气耳。"

积退而迎医诊药。

廿八日晚泊，问："何地？"

侍者曰："青龙铺。"

明日，先生召积入。久之，开目视曰："吾去矣！"

积泣下，问："何遗言？"

先生微哂曰："此心光明，亦复何言？"

顷之，瞑目而逝，二十九日辰时也。

时在嘉靖七年（1528）十一月二十九日，王阳明五十七岁。

然而，李贽作《阳明先生年谱》中，却无"此心光明，亦复何言？"这一句。

根据黄绾所作《阳明先生行状》，王阳明于十一月二十九日至南安，临终之际，对家仆说道："他无所念，平生学问方才见得数分，未能与吾党共成之，为可恨耳！"遂逝。

而在钱德洪所记的《遇丧于贵溪书哀感》（《王文成公全书》卷三十七《世德纪》）中，则是如下记述：

二十九日疾将革，问侍者曰："至南康几何？"对曰："距三邮①。"

曰："恐不及矣。"

侍者曰："王方伯②以寿木随，弗敢告。"

夫子时尚衣冠倚童子危坐，乃张目曰："渠能是念邪！"③

须臾气绝，次南安之青田，实十一月二十九日丁卯午时也。

是日，赣州兵备张君思聪、太守王君世芳、节推陆君府奔自赣；节推周君积奔自南安，皆弗及诀，哭之恸。

综合以上各种记载，王阳明在临终之际是否说过"此心光

明，亦复何言？"仍不得而知，然检视王阳明晚年之诗文可知，他于临终时说那么一句话，也完全是合情合理的。说这句话表达了王阳明学问之神髓，恐怕也不为过吧。

王阳明晚年有诗云：

中秋

吾心自有光明月，

千古团圆永无缺。

长生

乾坤由我在，安用他求为？

千圣皆过影，良知乃吾师。

朱子卒于宋庆元六年（1200），七十一岁之时。据说临终之时他对门人弟子说的是："下坚苦工夫！"

从朱子与王阳明的临终遗言上，我们也可看出这两位大儒的学问精神是大异其趣的。

当时，王阳明的高足钱德洪、王畿为了赴进士科考，渡过了钱塘江，正在赶往北京的途中。听到王阳明回乡的消息后，他俩便前往严滩，准备迎接老师。就在此时，他们接到了老师去世的讣告。于是他们改为前往广信为老师举丧，并发讣告给同门师兄弟。

王阳明的灵柩于第二年，即嘉靖八年（1529）回到故乡，并于十一月葬于离越城不远的洪溪。这个墓地是王阳明生前选定的。①

19. 死后的表彰

嘉靖八年（1529）正月，因桂萼等人上奏弹劾王阳明"擅离职守"，朝廷停了王阳明的世袭爵位，不赠谥号，且将王学当作异端予以禁止。然而，到了穆宗隆庆元年（1567），王阳明又被封为新建侯，谥"文成"。神宗万历十二年（1584），王阳明与薛敬轩②、胡敬斋、陈白沙一起，获准从祀于孔庙。

---

①王阳明去世、治丧，直至灵柩回乡安葬之过程，在《年谱》三与钱德洪门人程辉所撰《丧记》（《王文成公全书》卷三十七《世德纪》）中均有详细记载。

②薛敬轩：薛瑄（1389 或 1392—1464），字德温，号敬轩。明代著名思想家、理学家、文学家，河东学派的创始人，世称"薛河东"。其学承袭朱子理学，在北方影响堪比南方的阳明心学。

王阳明简谱

年号	公历	年龄	事迹
			（明宪宗）
成化八年	1472	1	九月三十日，出生于浙江余姚的瑞云楼。
成化十七年	1481	10	父亲龙山公进士及第。
成化十八年	1482	11	随祖父竹轩公进京，生活在父亲身边。途中在金山寺（江苏丹徒）赋诗，语惊四座。（该年鞑靼侵犯北边。）
成化二十年	1484	13	母亲郑氏去世。
成化二十二年	1486	15	游历居庸三关，胸怀经略四方之志。某夜，梦见自己拜谒伏波将军庙（广西）并赋诗。
成化二十三年	1487	16	搜读朱子遗书，得知"一草一木皆有理"，与友人一起在父亲官衙内格竹穷理，因精力耗尽而病倒，觉得成为圣贤也需要天分，便专注于辞章之学。

弘治元年	1488	17	七月，为迎娶妻子诸氏赶赴南昌（江西）。成婚当日造访铁柱宫，与道士对坐。用诸氏官邸的纸练习书法。
弘治二年	1489	18	十二月，携夫人回乡途中，在广信（江西）拜访娄谅，受教宋儒格物之学，得到"圣人必可学而至"的教诲。
弘治三年	1490	19	正月里祖父竹轩公去世。父亲龙山公回乡葬父，服丧三年。尊父命攻读经学。
弘治五年	1492	21	乡试及第。孙燧、胡世宁也同科及第。
弘治六年	1493	22	会试落第。
弘治九年	1496	25	会试再次落第。会余姚，结诗社于龙泉山寺。
弘治十年	1497	26	学兵法，攻读兵书。
弘治十一年	1498	27	悟出辞章学之非，遵从朱子"居敬持志为读书之本，循序致精为读书之法"的教诲，致力于"格物致知"之学，然因物理与内心难以融合，为此忧思成病，再次觉得成为圣人有赖天分，仰慕道士养生之说。

| 弘治十二年 | 1499 | 28 | 进士及第，任职工部。 |

秋，受命监造浚县（河南）之威宁伯王越墓，运用兵法调动民夫而竣工。上奏"边务八策"，论国防方略。

| 弘治十三年 | 1500 | 29 | 任刑部云南清吏司主事。 |

| 弘治十四年 | 1501 | 30 | 八月，奉命重新审查淮南府等地重犯，平反冤案多起。 |

| 弘治十五年 | 1502 | 31 | 重审犯人结束，游览九华山（安徽）。 |

五月，回乡复命。

八月，患肺病请求停职，回乡静养。对之前在古文辞上浪费精神而后悔，筑室阳明洞中，欲脱离尘世以求养生，沉湎于导引之术。得知自己无法摒弃对父亲龙山公、祖母岑氏的思念后，忽然意识到倘若连这点都断绝，则等于抛弃了人类所有的理性，悟出佛老之非，从此专心于儒学。

| 弘治十六年 | 1503 | 32 | 休养于杭州西湖畔。某日，造访虎跑寺，遇一坐禅僧人，说以孝道，使其领悟禅学之非。 |

| 弘治十七年 | 1504 | 33 | 秋，任山东乡试主考。 |

九月，任兵部武选清吏司主事。

| 弘治十八年 | 1505 | 34 | 与湛甘泉一起提倡圣学。 |

（明武宗）

正德元年	1506	35	十一月，上疏救援因弹劾宦官刘瑾而下狱的戴铣，因此被捕入狱。 十二月，贬至贵州龙场驿。
正德二年	1507	36	自春至夏，在浙江钱塘江畔休养。为躲避刘瑾派来的刺客而假装投江自尽，潜至浙江、福建交界处山中藏身。
正德三年	1508	37	正月初，前往江西草萍、玉山、上饶（广信），下须江出鄱阳湖，溯赣江西行前往宜春、袁州，至省境附近之萍乡，西行前往湖南醴陵，由此去长沙，顺湘江而下出洞庭湖，由此溯沅水而上，经过贵州平溪、清平、兴隆，于春意正浓的季节到达龙场。某夜，于阳明小洞之石穴中悟得"格物致知"之本旨，著《五经臆说》。不久后便开始教化土人，给诸生讲学。自此主张立志之必要。
正德四年	1509	38	于贵阳书院开讲"知行合一"。 年底被任命为庐陵县知县。赴任途中，于常德、辰州为诸生讲解"静坐悟入"，见诸生误入坐禅入定之境，教导诸生"静坐乃收放心之小学工夫"。

正德五年	1510	39	三月到任，卧治六个月。
			十一月，为入觐而进京。与湛甘泉、黄绾研讨学问。
			十二月（一说十月），任南京刑部四川清吏司。此时阐述"明镜论"，强调"克己去欲"的实践功夫。
正德六年	1511	40	湛甘泉、黄绾不欲王阳明离开京师，经过他们二人的斡旋，王阳明于正月任吏部验封清吏司主事，得以留在京师。
			二月，任会试同考官。游览位于北京西郊的西山支峰香山。
			十月，任文选清吏司员外郎。作文送湛甘泉出使安南（越南）。
正德七年	1512	41	三月，任考功清吏司郎中。
			十二月，任南京太仆寺少卿。赴任途中回乡省亲。舟中对爱徒徐爱讲述"新大学说"。
正德八年	1513	42	二月，与徐爱等由上虞去位于余姚西南的四明山游玩。
			五月，去宁波，给滞留此地的了庵桂吾赠归国送序后，再回余姚。
			十月，到达衙门所在地滁州。畅游近郊之琅琊、瀼泉，与门人讲学。月明之夜，

			与门人移坐龙潭（龙蟠山）。对门人阐述"省察克治"之必要。
正德九年	1514	43	二月十一日，升南京鸿胪寺卿。四月，收到任命书。众友人送阳明至乌衣（安徽），与前往江浦（江苏）的阳明道别。五月，到达任地。造访南京东面的镇江。在南京积极讲学。之前，为防止门人陷于鄙陋而提倡"高明一路"，此时又担心这样反倒会使门人陷入虚妄，故在南京时专讲"去欲存理""省察克治"之必要，提倡"事上磨炼"。告诫门人勿作佛老之论。
正德十年	1515	44	四月，上疏自劾，请求辞官归养，但未获允准。立再从子正宪为嗣子。八月，拟谏武宗迎佛疏，但未上奏。著《朱子晚年定论》，暗示自己的学说与朱子晚年之定论一致，欲封朱子学者非难之口。
正德十一年	1516	45	八月十九日，升都察院左佥都御史。九月，接到任命，为南安（江西）、赣州（江西）、汀州（福建）、漳州（福建）之巡抚。在南昌制定方略，向各地官员发出指令后赶赴赣州。途中，在万安（江西）遭遇流贼并击破之。

正德十二年　　　1517　　46　　一月十六日，到达赣州。实行"十家牌法"，防止贼匪潜入良民之中。下令江西、福建、广东、湖广四省兵备官，选练悍勇民兵。

下令湖广、广东、福建三省起兵讨伐漳州贼匪，于长富村与敌会战，击破之。匪徒逃至象湖山并坚守之。大军追踪至此，与敌战于莲花石，但败北。王阳明亲率精兵驻屯上杭（福建），二月二十九日，以奇袭剿灭象湖山之匪贼。

三月二十一日，进剿黄腊溪（福建）、赤石岩（福建）、陈菖（福建）等地，平定了漳南匪患。

正月二十四日至三月二十日，广东兵进剿大伞、箭灌。

四月，撤回各路兵马。

五月八日，上奏报捷。

五月十七日，徐爱去世。

五月十八日，上奏抚谕诸贼。

五月，改革兵制军纪，强化军队组织。

五月二十八日，奏请于河头（福建）设平和县，并将河头巡检司移至枋头（福建）。

六月十五日，奏请疏通盐法。

六月至八月，平定大庾匪患。

因五月八日之奏请，改授提督南、赣、

汀、漳等处军务。九月十一日，受敕谕。被授予象征指挥权之旗牌。晓谕广东乐昌、龙川诸匪来降。

九月二十五日，奏请调整南安商税。

十月，摆出进剿据险固守之桶冈匪贼姿态，令横水、左溪之匪懈怠后予以奇袭。晓谕桶冈之匪，乘其不备而攻之，将其平定。

闰十二月二日，向朝廷报捷，凯旋。军至南康时，受到万民拜迎。

同月五日，奏请设置崇义县。

在横水，写信给门人杨仕德时称"破山中贼易，破心中贼难"。

正德十三年	1518	47	一月七日至三月八日，先是讨伐广东浰头山（分为上、中、下三部）之匪贼，继而征讨九连山（广东）之匪贼。上年在征讨横水、桶冈时已晓谕浰头诸贼归降，唯贼首池仲容不信。因其外示归服之态，内怀反叛之心，故王阳明将其诱捕，并肃清匪巢。

二月二十五日，奏请朝廷将位于南安与南康之间的小溪驿移至大庚峰山中。

三月四日，奏请辞职，但未获允准。

四月二十日，上疏报捷。在南、赣所属

各县建社学，教化民众。示刘伯颂等人以《训蒙大意》，指点儿童教育之道。

五月一日，奏请设立和平县（广东）。

六月十五日，荡平猖獗于广东、江西、湖南三省交界处之匪贼，并上奏报捷。任都察院右副都御史，获荫子资格。

六月十八日，奏请辞职，未获允准。

七月，刊刻带有旁注的古本《大学》。刊刻《朱子晚年定论》。

八月，门人薛侃刊刻《传习录》

九月，修复濂溪书院并积极讲学，任冀元亨为院主。

十月，实行"乡约""保甲法"。

十月二日、十二月二十九日，奏请辞免升任与荫子，未获允准。

正德十四年	1519	48

正月二日，再次奏请辞免，仍未获允准。

六月，奉命平定福州叛军。

六月十五日，到达丰城（江西）时，获悉宁王朱宸濠叛乱，摆脱宸濠追兵返回吉安（庐陵），举义兵。为给北京、南京争取防卫时间，发布假檄文，命两广武官率军进攻江西，牵制叛军北上。

六月十九日，将宸濠叛乱之事奏报朝廷。

六月二十一日，再次将宸濠叛乱之事奏

报朝廷，并且，或许是为了迷惑敌人，奏请回乡探望父亲龙山公和安葬祖母岑氏。宸濠见王阳明并不急于进攻南昌，便率军围攻安庆。

七月，兼任江西巡抚。

七月十三日，从吉安出发，七月二十日，攻打南昌。七月二十六日，在樵舍大战南下的宸濠主力，并生擒宸濠。

七月二十七日，攻入南昌。

七月三十日，上疏报捷，并奏报已擒获宸濠。

八月十七日，上奏谏止武宗亲征。武宗不纳，行幸南京。

八月二十五日，奏请归乡省亲，未获允准。

九月十一日，为献俘而离开南昌。过玉山、草萍前往杭州，在张水献俘。

十月，称病在西湖畔之净慈寺静养。

十一月，返回南昌。大受军民欢迎。

正德十五年　　1520　　49　　一月二十六日，遭武宗侍臣张忠、许泰谗言而被召往南京。离开南昌，来到芜湖。张忠、许泰唯恐谗言暴露，矫诏阻止阳明进入南京。滞留芜湖半月许，登游九华山。解除嫌疑后，奉武宗之命返回南昌。途中去江西庐山，造访白鹿洞。

二月，忧虑銮驾不回京，前往九江阅兵。
重上庐山，遍访东林、天池、开元诸寺
后返回南昌。

三月二十五日，奏请减缓江西租税。

四月，江西洪水。五月十五日，上疏自劾。

六月，前往赣州。

六月十四日，从章口入玉笥大秀宫。

六月十五日，宿云储。

六月十八日，至吉安，游青原山静居寺。
过庐陵县南之泰和县时，朱子学者罗钦
顺以书信问学。

在赣州阅兵。宦官江彬窥探阳明动静。
门人颇为担心，阳明作《啾啾吟》予以
抚慰。

七月十七日，重上报捷奏章，疏中列举
了武宗亲信之名，并将平定宸濠之乱的
功劳让给了他们。

八月，为洗刷冀元亨之冤罪而奔走。之
前，冀元亨曾受王阳明之命前往宸濠处，
因此而遭冤狱。

闰八月二十日，奏请归乡省亲，未获允准。

九月，返回南昌。回南昌前，授门人陈
九川以"致良知"之旨。

| 正德十六年 | 1521 | 50 | 刊行陆九渊的文集，褒奖其子孙。 |

三月，武宗驾崩，世宗即位。

五月，集门人于白鹿洞。

六月二十日，因奉特旨进京，离开南昌。

七月，至钱塘时，遭辅臣阻挠没有进京，奏请归乡省亲，未获允准。七月二十八日，任南京兵部尚书，允许归乡省亲。

与门人陆澄讨论神仙养生之术。

八月，归乡，与父亲龙山公重逢。

九月，会余姚祭扫祖宗陵墓。

十一月九日，因平定宸濠之功受封新建伯。

（明世宗）

嘉靖元年	1522	51	上疏辞退封爵，未获允准。

二月十二日，父亲龙山公去世。奉特旨追封祖父、父亲为新建伯。

七月，再次上疏辞退封爵，仍未获允准。朝中有人称阳明学为异端，奏请禁止。门人陆澄作《六辩》欲以驳斥，为阳明阻止。门人黄绾亦欲为阳明申辩。

嘉靖二年	1523	52	礼部考官出谴责阳明学的策问题。阳明认为自己的学说将因此一举而为天下闻。

十一月，与张忠元探讨儒、佛、老之学。

嘉靖三年	1524	53	一月，在门人南大吉创设的稽山书院讲授《大学》。

八月，中秋之夜在天泉桥上设宴。

十月，南大吉续刊《传习录》。

嘉靖四年	1525	54	正月，夫人诸氏去世。作《稽山书院尊经阁记》，阐述独特的《六经》说，同时作《亲民堂记》《万松书院记》《重修山阴县学记》，阐述自家学说。

九月，回余姚，于龙泉山中天阁结社，确定每月集会日讲学。

十月，门人在越城建立阳明书院。 |
| 嘉靖五年 | 1526 | 55 | 十一月，继室张氏生正亿。 |
| 嘉靖六年 | 1527 | 56 | 四月，门人邹守益刊刻《王阳明文录》。

五月十一日，兼任都察院左都御史，奉命征讨思恩、田州匪贼。六月，奏请免除重任，但未获允准。

八月，作《客座私祝》以告诫弟子。

九月八日，门人钱德洪和王畿于天泉桥上争论阳明的"四句教"，阳明予以裁定。

九月九日，出越地，渡钱塘，前往严滩。钱德洪、王畿送行至严滩。阳明于此时垂示了由王畿提及的佛教"实相幻相论"。之后，经钓台、西安、常山、广信、南昌，前往吉安，并随处讲学。

十一月十八日，到达肇庆（广东）， |

二十日，到达梧州（广西），并在此地开府。

十二月，受命兼理两广巡抚。

十二月一日，上疏陈述思恩、田州叛乱为待遇不公所致，建议以"神武不杀"为宗旨，加以招抚。

十二月二十六日，到达南宁。

嘉靖七年	1528	57	一月二日，奏请辞退巡抚兼职，但未获允准。

令官军休整，以示并无征讨思恩、田州之意，贼首感其恩威而归顺。

二月二十二日，上奏朝廷平定思恩、田州之事。

四月，在思恩、田州兴建社学，教化民众。

四月十五日，上疏陈述广西八寨、断藤峡瑶匪作乱，须以武力讨伐。

五月，安抚思恩、田州新民。

六月，在南宁建学校。

七月，用思恩、田州之降兵与遣返途中的湖广兵扫荡八寨、断藤峡之匪。

七月十日，上疏报捷。同日奏请归乡养病。

八月二十七日，从南宁出发，经梧州北上前往桂林，参拜了乌蛮滩边的伏波庙。

九月七日，到达广城，疗养约两月许。

其间，祭祀了位于增城的六世祖王纲之庙，并造访了湛甘泉故居。

十月十日，奏请归乡养病。据《年谱》，于十一月离开广城。十一月二十六日，越梅岭，至南安。

十一月二十九日，于南安青龙铺舟中，对周积说"此心光明，亦复何言？"后逝去。

而李贽所作《阳明先生年谱》中，记为二十九日召周积前去，睁眼注视，说"吾去矣！"闭目须臾后逝去，并无"此心光明，亦复何言？"之遗言。据黄绾所作《阳明先生行状》，阳明于十一月二十九日至南安，临终之际，对家仆说道："他无所念，平生学问方才见得数分，未能与吾党共成之，为可恨耳！"遂逝。钱德洪之《遇丧于贵溪书哀感》则记述为：

二十九日疾将革，问侍者曰："至南康几何？"

对曰："距三邮。"

曰："恐不及矣。"

夫子时尚衣冠倚童子危坐，乃张目曰："渠能是念邪！"须臾气绝。周积等人未能及时赶到。

〔备考〕本简谱以《王文成公全书》所收《年谱》为底本，并参考陈来所著《有无止境：王阳明哲学的精神》中第十二章《年谱笺证》等，对《王文成公全书》本《年谱》的舛误加以订正而成。

附记

　　平成元年（1989）四月三十日，我们"王阳明遗迹探访团"一行造访了王阳明逝世的青龙铺章水河岸。

　　我们在岸上摆放了馒头、水果、日本酒、黄酒等祭品，并恭恭敬敬地对着河面礼拜，为阳明先生祈祷冥福。随后，我们又行船河中，追思阳明先生，并洒酒河中，以抚慰其在天之灵。

　　归国后，我便与同好谋划起在章水边立纪念碑之事，并募集了资金。平成七年（1995）春竣工，同年五月二日举行了揭碑仪式。

　　我并未参加该仪式，但别的团员参加了。碑上"王阳明落星之处"之刻字，出自鄙人之拙笔。

　　王阳明的墓地在"文化大革命"中遭到破坏，甚至连其确切地点都不甚明了。

对此，我们"王阳明遗迹探访团"的团员们深感遗憾。于是，为了重建陵墓，我们向日本的同好们发起了募捐，并在浙江省社会科学院的大力协助下向绍兴县政府提出了重修陵墓的申请。最后，陵墓终于落成，于1989年的清明节举办了开幕仪式。作为"探访团"团员的我们也参加了开幕式。参加开幕式的内外知名人士约为150名，此外，还有为数众多的普通民众。

此次重修阳明陵墓，绍兴县政府出资约十万元，我们日本同好的捐款约为八万元。《重修王阳明先生墓碑》的背面镌刻着捐款人的姓名。

王陽明小伝

岡田武彦

图书在版编目（ＣＩＰ）数据

王阳明新传／（日）冈田武彦著；徐建雄译. -- 北
京：北京联合出版公司，2024.5
ISBN 978-7-5596-7438-8

Ⅰ．①王… Ⅱ．①冈… ②徐… Ⅲ．①王守仁（
1472-1528）－传记 Ⅳ．①B248.2

中国国家版本馆CIP数据核字（2024）第043833号

王阳明新传

作　　者：[日]冈田武彦
译　　者：徐建雄
出 品 人：赵红仕
责任编辑：肖　桓

北京联合出版公司出版
（北京市西城区德外大街83号楼9层　100088）
北京联合天畅文化传播公司发行
北京美图印务有限公司印刷　新华书店经销
字数110千字　787毫米×1092毫米　1/32　7.25印张
2024年5月第1版　2024年5月第1次印刷
ISBN 978-7-5596-7438-8
定价：55.00元